做玩出数学思维的高手教师

任勇 著

大夏书系・数学教学培训用书

华东师范大学出版社
·上海·

目 录

绪论 从"品玩数学"到"数学玩育" / 001

第一章

"玩"与"育"纵横谈 / 001

一、玩、游戏与"玩育"的含义 / 001

二、游戏与儿童成长 / 005

三、玩中学,趣中悟 / 009

四、玩与数学思维 / 012

五、玩的实践困境 / 020

第二章

"数学玩育"的提出 / 025

一、教育本真本原的样态 / 025

二、发展素质教育的需求 / 031

三、绿色数学教育的呼唤 / 032

四、学生灵性生长的路径 / 035

五、减轻学生负担的探索 / 038

第三章

"数学玩育"的理念 / 041

一、教师——为思维而教 / 041

二、学生——为思维而学 / 043

三、学科——关注思维素养 / 045

四、学校——走向思维教育 / 049

五、新理念——思维是玩出来的 / 052

第四章

"数学玩育"的价值 / 057

一、玩之育 / 057

二、玩中育 / 069

三、玩出来 / 076

第五章

"数学玩育"的类型 / 085

一、传统的数学益智游戏 / 085
二、新研发的动手玩的数学益智游戏 / 092
三、数学扑克游戏 / 107
四、趣味数学问题 / 119

第六章

"数学玩育"的课例 / 127

一、学前 / 127
二、小学（1—3 年级）/ 131
三、小学（4—6 年级）/ 136
四、初中 / 142
五、高中 / 148

第七章

"数学玩育"的实施 / 153

一、融于课堂教学 / 153

二、融于课后服务 / 164

三、融于亲子互动 / 167

四、融于开放空间 / 171

五、融于诗意行走 / 176

第八章

"数学玩育"的境界 / 185

一、好玩是"引趣",烧脑游戏,激发兴趣 / 185

二、玩好是"引深",趣中领悟,透视问题 / 189

三、玩转是"类化",玩个游戏,洞见一类 / 192

四、玩味是"融化",研题之史,品题之源 / 198

五、品玩是"交融",玩中悟透,趣中深学 / 203

主要参考文献 / 209

绪 论

从"品玩数学"到"数学玩育"

数学是思维的科学,因为数学在培养人的思维的深度、广度、系统性等方面,是其他学科无法比拟的。我在学习、研究众多教育和数学文献后,悟出"思维是可以玩出来的",于是我在我的班级开始和学生"玩"了起来,这一"玩"就玩了一辈子。

我的教学主张——"品玩数学"——不是一次就成型的。初为人师时,我和学生玩趣题、玩游戏,算是初识"好玩";后来发现学生的数学成绩并"不漂亮",我意识到数学仅仅"好玩"是不够的,还要"玩好"——动手更要动脑。"玩好"是有层次的,"玩"到深处,"玩"到远处,就可谓"玩转"了;跳出数学"玩"数学,玩出文化,玩出素养,也就有"玩味"之韵了。

能否将"品玩数学"的教学主张提升到一个新的高度呢?我想到了"数学玩育"。我查阅了许多资料,发现这种提法并没有被人提过,于是我开始着手研究,探究了"玩、游戏与'玩育'的含义""游戏与儿童成长""玩中学,趣中悟""玩与数学思维""玩的实践困境"等问题,明确了一些界定,肯定了一些观点,关注了一些动向。

其实提出"数学玩育",是回归教育本真本原的样态,是基于发展素质教育的需求,是迎接绿色数学教育的呼唤,是探寻学生灵性生长的路径,是践行减轻学生负担的探索。我认为,"数学玩育"应是一种符合现代教育发展规律和学生成长规律的必然选择,也是教育科学化、有序化、最优化和人性化的一种推进模式。

"数学玩育"的理念是：教师为思维而教，学生为思维而学，数学学习重在思维，学校要走向思维教育，而思维是可以玩出来的。顾明远先生说："教育的本质是培养思维""没有兴趣就没有学习""学生成长在活动中"。"数学玩育"，就是在"玩"的过程中，玩出兴趣、玩出思维的教育。

"数学玩育"的价值体现在：玩之育——玩有爱育，玩有培育，玩有涵育，玩有教育；玩中育——玩中育趣，玩中育智，玩中育才，玩中育人；玩出来——玩出志趣，玩出思维，玩出素养，玩出未来。"玩"的价值是无限的，我们还可以继续进行挖掘。

"数学玩育"趣题有四类：一是传统的数学益智游戏，如鲁班锁、华容道、九连环等；二是新研发的动手玩的数学益智游戏，如每日一拼、九星联珠、五联蜂窝等；三是数学扑克游戏，如蒙日洗牌法、背后摸牌张张对、三人猜牌等；四是趣味数学问题，如明年生日星期几、小球与酒杯、倾斜的圆柱形水杯等。

"数学玩育"的实施，可以融于课堂教学，可以融于课后服务，可以融于亲子互动，可以融于开放空间，还可以融于诗意行走，其关键在"师者觉醒"，想去"实施"。许多事情，只有觉醒者才会去做，才会全力以赴地为之努力，以"融"之心态，把"数学玩育"进行到底。

"数学玩育"是有境界的：好玩是"引趣"，烧脑游戏，激发兴趣；玩好是"引深"，趣中领悟，透视问题；玩转是"类化"，玩个游戏，洞见一类；玩味是"融化"，研题之史，品题之源；品玩是"交融"，玩中悟透，趣中深学。只要教师常怀"玩育"之心，就能让"玩育"步入新境、渐入佳境、引入高境。

书中贯穿各章节例举了百余个"玩"的过程、片段或故事，我将其称为"玩例"。虽说是"玩例"，有的可以称为一节课，有的是一节课中的一个片段，有的是某个"玩例"的精彩瞬间，有的是对一个"玩例"的持续探索……

"数学玩育"，既要"身在其中"，更要"心在其外"。"身在其中"就是教师要与学生共情，和学生一起体验、一起探索、一起感受；"心在其外"就是教师要有一双智慧的眼睛，能看出学生"玩"中显露出来的问题，看出学生"玩"中的创新思路，再用"玩"来修正问题或让精彩持续发生。

"数学玩育"可以帮助学生玩出数学脑，玩出思维来，这样他们看课本上的内容就会很容易理解。但这并不意味着教师可以淡化课本中数学知识的教学，而应在可能的情况下，巧妙地结合课本内容来玩。这种"玩"能让学生加深对课本内容的理解，增强对数学知识学习的兴趣和热情。寓"玩"于数学教学之中，有着广阔的空间。

数学之"玩"，表面上看，学生是在"动手"，教师的价值就在于引导学生在"动手"的过程中，学会更多地"动脑"。"思维的科学"也就是"动脑的科学"，数学更多的是在培养智慧。趣题是"硬件"，广大数学教师要积极去开发，但趣题还要求更多的"软"操作——发掘趣题背后的数学价值。

期盼数学教师能成为玩味十足的教师，助力学生玩转数学，让学生玩出兴趣，玩出思维，玩出灵性，玩出智慧，这样我们的数学教育就有了一个坚实的基础，这样我们的数学教师就能更好地、幸福地成长为卓越教师。

2024 年 5 月

第一章
"玩"与"育"纵横谈

提出"数学玩育",就要对"玩"与"育"进行分析、界定和研究。本章主要讨论玩、游戏与"玩育"的含义;游戏与儿童成长;玩中学,趣中悟;玩与数学思维;玩的实践困境等方面。

一、玩、游戏与"玩育"的含义

为了便于叙述,本书先对一些相关名词进行说明。对于有学术争鸣的词,我不在争鸣上多做说明,仅从本书的需求,给出我的理解和解释。

"玩"的释义有多种,本书所说的"玩"指"游戏、玩耍"。

陈益博士的《游戏:放松而专注的智慧》是一本"学术探索的诗意表达"之书,我几乎是拿着笔在书上不时地画着红线、写下感悟,不时地在网络上搜索着材料。

读到"一辈子就是玩"这句话后,我还搜到了王开岭老师的美文《一辈子就是玩》,下面是我摘取的一小段内容:

2009年11月,"京城第一玩家"王世襄,因病医治无效,在北京协和医院去世,享年95岁。

……次晚,我所在的央视深夜节目《24小时》播出了一条新闻——那个最会玩的人去了。

片子的尾声，我写了一段话：

"读王世襄的书，你会对人生恍然大悟：快乐如此简单，趣味如此无穷，童年竟然可携带一生。你会情不自禁地说：'活着真好！'如今，那个最会玩的人，不能再和我们一起玩了。但他的天真、他的玩具、他的活法……将留下来，陪我们。"

读《游戏：放松而专注的智慧》一书后，我在书上写下"数学游戏：趣味而逻辑的思探"。我还对下面的文字进行了画圈、画线：

游戏人生得大自在。
玩意味着畅快淋漓地活过，玩意味着生命的全然。
玩，生命的智慧，生命的绽放。
为什么在游戏时孩子常常会有超常的发挥？
为什么游戏会带来那么多、那么透彻的欢乐？有时是玩疯了的笑，有时是宁静的愉悦。
……是因为我们不会玩了！是因为我们不敢让孩子玩了！我们不知借由培养教育之名扼杀了多少杰出人才！
书山有路任我行，学海无涯逍遥游。

正如作者所言："游戏，涉猎者众，专门研究者少。"我以为，这本书就是一本专门研究"游戏"且多有"我思"的"诗意表达"之书。作者用14个篇章几乎把与"游戏"相关的问题说透了，这里我将标题列出，感兴趣的读者可以找书细读。

第一章　游戏：从不屑到迷醉
第二章　游戏研究印象
第三章　游戏研究思路

第四章　人本主义与游戏

第五章　精神分析与游戏

第六章　脑科学与游戏

第七章　禅宗与游戏

第八章　游戏的秘密

第九章　游戏与创造

第十章　游戏与健康

第十一章　游戏与潜能

第十二章　游戏与教育

第十三章　游戏与成长

第十四章　游戏心理学：重新发现东方智慧

《游戏的人——文化的游戏要素研究》为荷兰著名学者约翰·赫伊津哈的代表作。该书从游戏的角度阐述了游戏与人的文化进化的相关性，认为游戏作为文化的本质和意义对现代文明有着重要的价值。

"游戏早于文化"，我第一次看到这句话时，感到十分惊讶！读后又深信不疑！

游戏第一个主要特征：游戏是自由的，是真正自主的。

儿童玩游戏的认真劲儿可谓彻头彻尾——我们可以说，是神圣不可侵犯的——但儿童玩游戏时知道自己在游戏。

柏拉图把游戏等同于神圣，称神圣为游戏，这并未亵渎神圣，反而把游戏概括升华到最高的精神境界。……游戏是奉献给神灵的，这是人类奋斗的最高目标——这就是柏拉图的宗教观。

游戏作为文化的本质和意义对现代文明有着重要的价值。人只有在游戏中才最自由、最本真、最具有创造力，游戏是一个阳光灿烂的世界。

赫伊津哈的上述观点，让我再次对"游戏"有了更广、更深刻的认识。

《休闲·游戏·麻将》一书在文前写道："在这个世界上，除去阳光、空气、水以外，还有两样东西是所有生命必须拥有的，那就是休闲与游戏。没有休闲，一切生命都不能持续。没有游戏，一切生命都难以进化。社会文明程度越高，越要关注休闲与游戏。对人类而言：休闲是上帝的赠品，她让我们学会沉思、欣赏、创造，因而能诞生这世界上最美丽的花朵。游戏是人类的天使，她给我们插上自由、想象、飞翔的翅膀，因而能诞生这绚烂多姿的大千世界。"

所以，将游戏进行到底，不仅仅只是在孩子的童年。

教育游戏，是专门针对特定教育目的而开发的游戏，具有教育性和娱乐性并重的特点。其以游戏为教育的手段，设计游戏时以成熟的教育理论为理论支撑，取得教育性和游戏性的平衡，从而通过游戏的方式来完成教育。

相比"游戏化教育"，直言"游戏教育"的文论并不多。

"游戏化教育"目前已经有比较成熟的理论体系和具体实践，但从现有的研究成果和实践看，"游戏化教育"多在幼儿园和小学进行，比如，中国教育科学研究院的"幼儿园游戏化思维活动"在全国影响很大。又如，在网上搜一下"游戏化教育"，绝大多数词条指向幼儿园或学前教育。再如，在当当网搜"游戏化教育"，会出现《游戏化教育：改变互联网教育的创新战略》一书，该书宣传语是："用游戏的方式改变在线教育产业""互联网线上培训教育学校的指导书籍""刷新直播课录播课玩法""以游戏化思维创新互联网教育"。

互联网时代，网络游戏已成为很多人生活中的一部分，对人们产生了重要的影响。那么，如何将其中积极的影响因素与教育结合起来呢？这是《游戏化教育：改变互联网教育的创新战略》的核心思想及价值所在。

这里的"游戏"成了"网络游戏"。

此外，"游戏化"中的"化"，有可能给人一种"纯游戏"的感觉，也有可能给人一种"划一性"和"排他性"的感觉。"玩育"可以理解为是"玩的教育"，或是"游戏化教育"的一种新样态。"玩育"，总体来说是没有年龄界限的，更多的是从幼儿园到高中都可以"玩起来"。

"玩育"提倡以"玩"为一条灵动的主线，吸纳先进教育理念于"玩"中，在玩中激趣，在玩中增智，在玩中生疑，在玩中体验，在玩中创新；在合作中玩，在自主中玩，在探究中玩，在对话中玩，在问题中玩。

"玩育"，既包括玩传统游戏，也包括玩现代游戏；既包括线下玩，也包括线上玩；既包括动手玩，也包括动脑玩；既包括课内玩，也包括课外玩；既包括在学校玩，也包括在家庭玩；既包括亲子之玩，也包括"亲父"之玩（所谓"亲父"之玩，是指孩子主动和长辈玩）。

综上，"玩育"，就是"基于游戏、玩耍的教育"。

二、游戏与儿童成长

弗里德里希·席勒在《审美教育书简》一书中有一段精彩的"游戏"之论："只有当人是完整意义上的人时，他才游戏；而只有当人游戏时，他才是完整的人。"

游戏，让人成为"完整的人"。

走向"完整的人"，理应从娃娃抓起。游戏是儿童的主导活动，能培养儿童高尚的情操，引导儿童客观认识世界，促进儿童身心发展，是对儿童进行全面教育的有力手段。

美国临床心理学家、儿童游戏治疗师、亲子关系专家劳伦斯·科恩在《游戏力：笑声，激活孩子天性中的合作与勇气》一书中认为，游戏是孩子的第一语言，与孩子有效沟通的第一步是及时而准确地"翻译"出孩子行为背后的内心需求，第二步是将我们的关怀、爱心、赞赏、鼓励、期望和界限等"翻译"成让孩子容易理解和接受的语言。可以说，游戏是亲子沟通的"双向翻译机"。

劳伦斯·科恩说："游戏是一种生活态度，游戏不仅好玩，也让家庭教育更有效。"

他对"游戏力"的界定是"用游戏来达到教育孩子的目的的能力"。对于成人来说，游戏意味着休闲，但对孩子而言，游戏却是"工作"。孩子在"工作"中得到"五发展"：促进身体机能和运动功能的发展、促进感知功能的发展、促进语言的发展、促进认知能力的发展、促进情绪和人格的发展。此外，游戏也是孩子交朋友、体验生活以及探索学习的主要途径。

《游戏力：笑声，激活孩子天性中的合作与勇气》还告诉我们："建立一个放松和宽容的环境，用高情商的游戏力让孩子愿意在玩中配合你。""游戏是孩子的第一语言。不是什么事孩子都会和我们说，可是会玩给我们看。如果我们想告诉孩子什么，那么最好的方式是'玩给他看'，而不是'说给他听'。既然我们都同意让孩子'在玩中学知识'，那么让孩子'在玩中懂道理''在玩中建立自信'也会同样有效。"

其实，还有一本书——《游戏力》，作者是芬兰的帕西·萨尔伯格和英国的威廉·多伊尔，书的封面上写有："在游戏中，激发孩子的天赋和创造力。在欢笑中，搭建情感联结的桥梁。"

我们还可以从这本书的"众说"中，获取关于"游戏与儿童成长"更多、更新的认识：

有益的游戏是孩子了解自己和周围世界的主要方式，也是家长与孩子建立亲密联系的好方法。良性的游戏互动，能够帮助儿童的情感和情绪的健康发展。

——霍华德·加德纳
"多元智能理论"创始人，哈佛大学教育研究生院教授

这本书非常鼓舞人心……将游戏归还给那些整日为学习忙碌的孩子，对于他们成为未来的思想家、创新者会有很大帮助。感谢两位作者为我们提供了一本"游戏力指南"，以便我们真正提高教育质量。

——迈克尔·里奇
哈佛医学院儿科学副教授，畅销书作者

游戏可以增强孩子的自信心、想象力和协作能力，使他们逐步掌握未来

生活所需的复合型个人素养和社会技能。两位作者在这本书中的精彩表述，让人重新认识了游戏的力量。

——托尼·瓦格纳
畅销书作者

这本书向读者证明了，所有的孩子都应在身体成长、情感发展以及学习的过程加入游戏。因为愉快的游戏可以培养他们的思维方式，让他们得到更好的成长。

——《学校管理者》杂志

这本书中有太多支持儿童玩耍的金句，我挑了一些和大家分享：

- 孩子天生就会在玩耍中学习。
- 当今一种普遍的共识：想要孩子学得好，就得让他们玩得好。
- 玩耍是校园生活不可或缺的一部分。
- 玩耍对儿童早期阶段的学习至关重要。
- 对孩子来说，玩耍就是学习。
- 对孩子来说，如果能够准确地理解和运用玩耍，那么它就是一种自然和高效的学习方式。
- 玩耍是所有孩子的人权，是人类一生中永恒的伴侣，是孩子人生的彩排。
- 玩耍是学习、创造、自我表达和解决建设性问题的基础，是孩子们与生活博弈，使其变得有意义的方式。孩子们天生就有玩耍的能力，但我们这个社会似乎在尽一切努力阻止他们玩耍。

曹中平在《民间游戏与幼儿园教育——实践困境及其超越》一书的"引言"中是这样"开篇"的：

每当提及游戏，似乎总离不开儿童。

有一则逸事，说是爱因斯坦和儿童心理学家皮亚杰进行了一次关于儿童游戏的对话。在听完了皮亚杰有关儿童游戏研究的介绍之后，爱因斯坦深深地为其中包含的那些隐秘而深刻的生命内容和文化信息所震撼。他感慨地说："看来，认识原子同认识儿童游戏相比，不过是儿戏。"看来，小觑儿童及其游戏，也许比"儿戏"还"儿戏"！

可以说，儿童是游戏的化身、游戏的精灵、游戏的天才！游戏是儿童自由生命的基石。

其实，游戏并非儿童的"专利"。应该说，游戏是人类的公共财富。然而，游戏与儿童确有特定意义：不是游戏选择儿童，而是儿童选择了游戏。这不仅仅是因为游戏贴近儿童的发展水平，从本质来看，游戏是儿童的生命，儿童生活在游戏之中；游戏是儿童的权利，儿童在享受游戏中不断创造游戏；游戏是儿童的精神家园，是儿童自创的文化形态——游戏文化。

刘焱的《儿童游戏通论》一书把儿童游戏置于社会文化、儿童发展和教育学的多维视野下，综合运用人类学、哲学、心理学和教育学等学科的观点，多角度、多层面地探讨儿童游戏的意义、特点、价值和功能，揭示儿童游戏和社会文化、儿童游戏和儿童发展、儿童游戏和学前教育之间复杂的关系，以期建立一个视野比较广阔、内容比较全面，既注重理论研究，又关注教育实践的儿童游戏理论新体系。我从书中找到一段支持"游戏不仅仅是儿童的"的观点：

游戏性并不是只有儿童才拥有的"奢侈品"，所有人在一生中都可以拥有游戏性的品性，游戏性伴随人的终身发展过程。游戏性强的儿童不仅在现时可以拥有一份轻松自如、快乐的童年，而且较强的游戏性还预示着他们在未来也可以拥有一份健康幸福的成年生活。

我希望每个老师都能成为一个会和学生玩游戏的老师，最好是成为一个

"玩味十足"的老师，在陪伴学生的日子里，把"玩"进行到底。

三、玩中学，趣中悟

苏霍姆林斯基说："儿童的智慧在他的手指尖上。""孩子们通过玩耍发现世界，展示他们的创造能力。没有玩耍，完全的智力发展是不可能的。玩耍是一扇敞开的巨大窗口，富有生命力的概念和思想由此注入孩子们的精神世界。玩耍是火花，是点燃求知欲和好奇心的火焰。"

美国著名数学家马丁·加德纳曾经这样说："唤醒学生的最好办法是向他们提供有吸引力的数学游戏、智力题、魔术、笑话、悖论、打油诗或那些呆板的教师认为无意义而避开的其他东西。"

如何发展学生的学习品质？"名人名言"启发我们，中小学最宜在"玩中学，趣中悟"。

1. 玩中学

第一，转变观念领悟"玩"。当下的许多学校，年级越高，活动越少，"游戏"更不知去哪儿了。广大教师要确立"玩是天性""没有玩耍就没有成长""玩耍也是一种学习"的观念，玩就是学、学就是玩，玩好了，学习才会更好。所以，千万别让学习耽误了玩。在某种程度上，"玩"能更好地"学"。

第二，广找游戏分层"玩"。小学低年级的学生可玩火柴游戏、七巧板、魔方等，小学高年级的学生可玩鲁班锁、华容道、九连环等，初中生可玩对策类、棋牌类、剪拼类等游戏，高中生可玩组合类、拓扑类、立体类等游戏。例如，《全世界优等生都在做的 2000 个思维游戏》这本书中就有大量的游戏题，教师可以大致分一下难度，再选适合的题给学生玩。

第三，师生互动一起"玩"。游戏，教师也要"玩"起来。教师和学生一起玩，思维活动在不经意间自然融入，效果极佳。例如，有些益智器具，教师可以和学生一起制作，这就是很好的启智和互动过程，让学生体验器具的制作，培养动手能力，对器具有亲切感。有些器具不好制作，就需要购买或向人借用。这些需要动手制作的器具，玩起来往往更具挑战性和趣味性，教师可能比学生还爱玩。

第四，从"好玩"走向"玩好"。游戏"好玩"，能激发兴趣，优化心智。但师生不能只停留在"好玩"上，还可以在玩中走向"玩好"。"好玩"是引趣，"玩好"是引深，是感受游戏背后的思维方法。许多游戏都有数学背景，师生更要悟出其数学思想和数学意蕴。小学生可以多一些"好玩"的游戏，有一些"玩好"的游戏，中学生则要多一些"玩好"的游戏。

第五，鼓励学生"玩"出境界。精彩纷呈的游戏，让学生在享受乐趣的同时，彻底带动了学生的思维高速运转，让学生越玩越聪明。许多游戏，玩着玩着就可以玩出深刻的东西，教师要鼓励学生再从"玩好"走向"玩转"，这就"玩"出了境界。例如，玩"正方形连形"的游戏，"四连形"很简单，"五连形"有意思，"六连形"有挑战……一直玩下去就是数学家要研究的问题了。

《1000个思维游戏》一书的封底有这样一段文字："思维游戏的灵感来源于一种日本寺院的几何游戏，风靡日本三世纪，……思维是玩出来的……"

2. 趣中悟

俞敏洪对家教的三个感悟之一是："父母一定要培养出孩子对某种东西的超级爱好和渴望，只要是这个爱好有点正能量的，父母就不能去干预，哪怕这种爱好影响了他的学业。"

"超级爱好和渴望"就是"浓厚的兴趣"。兴趣对学生的成长很重要，但中国教育科学院的调查显示：多数家长忽视了子女的兴趣和情绪。看来家长在这方面还须再努力。其实，教师也一样。

第一，兴趣是最重要的非智力因素。正如思维是智力因素中最为重要的因素一样，我认为兴趣是非智力因素中最重要的因素。学生有了浓厚的学习兴趣，其目标更明晰，意志更坚强，情感更良好，性格更刚毅。达尔文在自传中写道："就我在学校时期的性格来说，其中对我后来发生影响的，就是我有强烈而多样的兴趣。沉溺于自己感兴趣的东西，深入了解任何复杂的问题。"可见，兴趣可以产生强大的内驱力，可以充分发挥人的聪明才智。

第二，兴趣是可以培养和发展的。心理学家认为，兴趣不是天生的，而是可以培养和发展的。培养方法大致有：明确意义，培养兴趣——知道学的东西有用；发挥优势，引发兴趣——"强项"得到点赞，享受成功的喜悦；好奇求知，激发兴趣——对问题的好奇可产生求知欲望；课外活动，产生兴趣——丰富多彩的课外活动能产生对某个领域的喜爱；应用知识，增强兴趣——用学到的知识去解决实际问题；宏图大志，升华兴趣——兴趣一旦和理想结合起来就会升华为志趣。

第三，引趣，有多种方法和途径。引趣的方法有：需要激趣法、实践活动法、立志定标法、"双基"育趣法、情趣迁移法、智巧得趣法、亲师染趣法、交友参赛法、成效反馈法、体验回味法、实用生趣法、奇巧探趣法等；引趣的途径有：引趣于讲授新课之前、引趣于概念教学之中、引趣于命题（公理、定理、公式）教学之中、引趣于解题教学之中、引趣于知识探索之中、引趣于一堂课（或一章节）结束之时等。

第四，坚持"每课一趣"，这是"引趣"之基。所谓"每课一趣"，就是每节课都要有一道以上的学科趣味题，或是学科游戏，或是学科智力趣题，或是趣味学科故事。学科趣味题或在课前讲，或在课末讲，或渗透在课中讲。趣题可以和所学内容有关，也可以与学科内容无关。趣题一般不超纲，也可以适度超一点。趣题宜自然融入，力求起到引发兴趣、激活思维、活跃课堂之效。

第五，尝试"每日一题"，这是"引深"之举。所谓"每日一题"，就是每天出一道学科拓展题，供学有余力的学生选做。拓展题可以是对课本问题的拔高，可以是身边的精彩学科问题，也可以是切合时宜的学科趣题。拓展题也可以由学生先提供给教师，教师简单评判或修改后署上学生名字公布。

子曰："知之者不如好之者，好之者不如乐之者。"这句话中的"乐之"，就是兴趣，学生以学习为乐事，学习效果就会最佳。

四、玩与数学思维

我以前经常这样说：玩，让天下的孩子爱上数学。但我现在想这样说：玩，让天下的孩子"慧"学数学。我的意思是"玩"可以让学生智慧地学好数学。让学生智慧地学好数学，就需要学生会"数学地思维"，有良好的数学思维品质。

对于数学思维活动中涉及的思维品质种类，学术界有不同的意见。为了便于叙述，本书仍采用人们经常提到的数学思维品质的深刻性、灵活性、敏捷性、广阔性、独创性、严谨性、批判性。下面我通过一些具体的趣玩案例，揭示玩与数学思维的关系。

1. 深刻性

思维的深刻性，指思维活动的抽象程度和逻辑水平。善于抓住事物的规律和本质，善于运用求同思维和分析思维是思维深刻性的主要特征。

斐波那契数列

游戏器具：准备如下图所示的 6 张扑克牌。

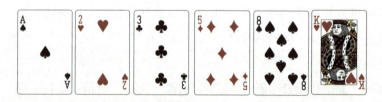

游戏玩法：将 6 张扑克牌牌面朝下洗牌，观众从中随意抽取两张，将这两张扑克牌点数之和告诉表演者，表演者就能说出这两张扑克牌的牌面。你能成为表演者吗？

游戏目的：让学生体验"都不相等"，初步感受数列和周期，初识"递推"和"完全和"，培养学生的记忆能力、推算能力。

游戏解答：图中的 6 张扑克牌点数是斐波那契数列第 2—7 项的数字：1，2，1+2=3，2+3=5，3+5=8，5+8=13（K 即 13），即第 $n+2$ 个数是第 $n+1$ 个数与第 n 个数之和。

表演者给这 6 个数设置一个花色"记忆规定"，以上图为例，依次为"桃心梅方桃心"，即"黑桃、红心、梅花、方块、黑桃、红心"，目的是不让观众发现"秘密"。

斐波那契数列中的任意两个数的和是唯一的（即"都不相等"），这就为"倒推"创造了条件。比如，观众抽的两张牌的和为 16，表演者可以推出是 3 和 K，结合"桃心梅方桃心"之"记忆规定"，就能迅速推出两张牌是梅花 3 和红心 K。

游戏拓展：从 n 个数中任选 m（$n \geq m$）个数求和，如果和都不相等，这个和在数学魔术界被称为"完全和"。

为了给游戏增加"悬念"，我们可以在本游戏的基础上进行创新。

（1）牌背都朝上，将这 6 张牌事先放在一副扑克牌的上端，交叉洗牌后，请观众从这副扑克牌上端取出 6 张牌，之后的玩法同上。

（2）请四位观众任意取 4 张牌，求和，表演者可以说出 4 张牌的牌面。比如，观众报总和是 28，因为 6 张牌的总和是 32，求差得 4，4=1+3，故 A、3 未选，所以观众选的 4 张牌为红心 2、方块 5、黑桃 8、红心 K。

（3）也可以请三位观众取 3 张牌，求 3 张牌总和，但有两种情况例外，即 16=1+2+13=3+5+8。此时我们做一点"变通"——请观众先从 6 张牌中翻开 1 张，再从牌背朝上的 5 张中任选 3 张，这样就可避免出现两种情况了。

（4）还可以玩"补集"。斐波那契数列第 2—7 项关于 14 的补集是 {13，12，11，9，6，1}=14-{1，2，3，5，8，13}，可将 6 张牌变为 K、Q、J、9、6、A。这样处理就可以避免遇到熟悉斐波那契数列的观众的质疑。比如，"补集"的两个元素之和是 17，17=11+6。若"补集"约定花色规则是"桃心梅方"，则这两张牌是梅花 J 和黑桃 6。

（5）如果规定：红色牌是负数，黑色牌是正数，观众任取 2 张，其和也是"完全和"：-18，-15，-12，-10，-7，-5，-4，-2，-1，1，3，4，6，9，11。这样，我们可以设计一个新的游戏。比如，观众任取两张牌的和为 -10，表演者推出 -10=-13+3，结合花色约定，观众取的两张牌为梅花 3 和红心 K。

（6）有了"完全和"概念，我们就可以设计更多的游戏。比如，表演者给出 5 张牌，观众任取两张求和，然后报给表演者，表演者结合自己的"花色约定"就能推出两张牌的牌面。

这 5 张牌也可以由斐波那契数列第 2—7 项关于 13 的补集形成，即：13-1=12，13-2=11，13-3=10，13-5=8，13-8=5，13-13=0，除去"0"后的 5 张牌是 5，8，10，J，Q。

这个游戏，教师可以指导学生"持续关注这个问题"，并探索创新玩法，研究这个游戏的"诗和远方"，玩出"思维的深刻性"。

2. 灵活性

思维的灵活性，指思维活动的灵活程度。善于运用辩证思维，对具体问题进行具体分析是思维灵活性的重要特征。

不许左转

游戏器具：准备如下图所示的"道路"。

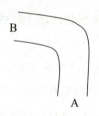

游戏玩法：沿着大路，从 A 走到 B，不许左转，怎么走？

游戏目的：培养学生的创新能力，克服思维定式。

游戏解答：沿着下图所示的虚线走，就没有左转。

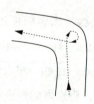

一道简单的题，就可以看出学生的思维是否灵活。当学生得知原来可以这样走，在取笑自己"怎么没想到"时，其思维的灵活性就能得到一次有益的锻炼。

3. 敏捷性

思维的敏捷性，指思维活动的反应速度和熟练程度。善于运用直觉思维、善于把问题转换化归、善于使用数学模式等都是思维敏捷性的重要表现。

爬行正方形

游戏器具：准备如下图所示的 8 块板，并着上色。

游戏玩法：（1）将 8 块板打乱，拼成一个直角梯形；（2）将 8 块板拼成一个长方形；（3）将 8 块板拼成一个平行四边形；（4）将 8 块板拼成一个等腰梯形；（5）将 8 块板拼成一个正方形。

游戏目的：培养学生的观察能力、数学直觉和思维能力的敏捷性。

游戏解答：（1）拼直角梯形时，从大到小往上拼；（2）不必破坏直角梯形，从中间把上半部分往右旋转下来即可；（3）不必破坏直角梯形，从中间把上半部分往左旋转下来即可；（4）不必破坏直角梯形，把上半部分沿直角梯形左侧垂线对称翻过来，再往下平移即可；（5）关注"直角"的选取，完成拼图（如下页图所示）。

"看谁拼得快",从拼的过程,就可以看出不同学生的直觉思维的水平,看出学生是否会转换化归。学生思维的敏捷性"尽收"教师眼底。

4. 广阔性

思维的广阔性,指思维活动作用范围的广泛和全面的程度。善于运用各种形式的发散思维来思考问题是思维广阔性的一种主要特征。

架 桥

游戏器具:准备一个正方形木板,四个角上各有一个圆柱形,做桥墩,另有四根木条(宽约 1 厘米,长度略小于正方形边上两桥墩之距),木条可放于正方形四边的凹槽里(如下图所示)。

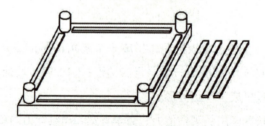

游戏玩法:不用任何工具,在正方形四个桥墩上架设一个四通八达的桥。如何做?

游戏目的:培养学生的想象能力和创新思维能力,培养学生思维的广阔性。

游戏解答:把四根木条一端放在桥墩上,另一端相互交叉(如下页图所示)。

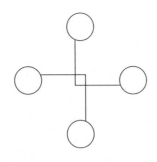

实践情况表明,为了"四通八达",学生绞尽脑汁,多数仍不得解,一旦获解,茅塞顿开。"绞尽脑汁",就是"发散思维"的过程,锻炼了思维的广阔性。

5. 独创性

思维的独创性,指思维活动的创新程度。解决问题时的方式方法新颖、独特、别出心裁,思维活跃,多谋善变等是其主要特征。

百鸟蛋

游戏器具:准备如下图所示的木盒器具,倒出 9 个木块。

游戏玩法:将倒出的 9 个木块装回盒子里,尽可能地拼出心中想象的"鸟"。
游戏目的:培养学生的想象能力和思维的独创性。
游戏解答:下页图展示了部分"鸟"的样态。只要自己认为是"鸟",就是答案。

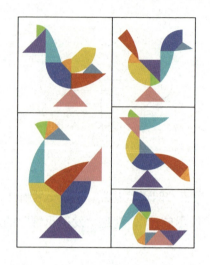

学生自己拼出的每一只鸟,都是独创的!

6.严谨性

思维的严谨性,指思考问题符合逻辑、严密、准确,数学运算精确无误。准确运用数学概念、严格进行指导、全面考虑各种可能情况,是思维严谨性的主要特征。

明年生日星期几

某人 2020 年的生日是星期六,请问此人 2021 年的生日是在星期几?

A. 星期日　　　B. 星期一　　　C. 星期日或星期一　　　D. 以上都不对

解:2020 年是闰年,2020 年 2 月 29 日是星期六。

(1) 若此人 2020 年的生日是 2 月 29 日,那么此人 2021 年没有生日可过;

(2) 若此人 2020 年的生日是在 2020 年 2 月 29 日前的星期六,此人到明年生日要经过 366 天。因为 366 除以 7 余 2,所以此人 2021 年生日是在星期一;

(3) 若此人 2020 年的生日是在 2020 年 2 月 29 日后的星期六,此人到明年生日要经过 365 天。因为 365 除以 7 余 1,所以此人 2021 年生日是在星期日。

所以,答案是 D。

我曾经将此题——我编拟的趣味数学问题——让某名校的实验班学生做，没想到 50 人的班竟然有 47 人做错了，错误率 94%。

错在思维不严谨！

7. 批判性

思维的批判性，指思维活动中独立分析和批判的程度。善于独立思考，善于提出疑问，能够及时发现错误、纠正错误，自觉调控思维进程，自我评价解题思路，是思维的批判性的主要特征。

五个符号

游戏器具：准备一个 5×5 的棋盘，五种不同形状的小木块各 5 块（如下图所示）。

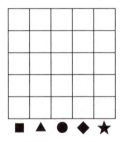

游戏玩法：在棋盘上的每个方格里填上这 5 种形状中的一块木块，使得同一形状不会重复出现在同一行、同一列、同一条对角线上。

游戏目的：初识行、列、对角线，培养学生的观察能力、试错能力和调整能力。

游戏解答：

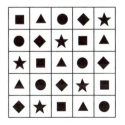

学生在摆放的过程中，一直在观察和尝试，一旦出现"矛盾"，也就是试错，就要调整，继续尝试，直至成功，这就是"批判性"。若学生能设法尽量"找唯一"或找"多数不可能"，比如在对角线上找，就可能少走"弯路"。

其实，多数益智游戏，每玩一个很难说清是玩出了思维品质的"哪一性"。多玩几个，数学思维品质的训练就几乎被全覆盖了。

五、玩的实践困境

从前面的论述中，我们已经深刻认识到：玩，对儿童的成长是十分有益的；儿童的玩，就是学习，就是成长；玩的学习，是有趣的，是可以"趣中悟"的；玩能育德、增知、启智、激趣、育情、谐美、读史、创新、促教、助兴，益处多多。

但就目前"玩"的现状而言，还是有一些实践困境。

1. 玩与知识系统性的问题

"思维是可以玩出来的！"从某种角度说，知识也是可以玩出来的。但由于知识的系统性、知识学习的时效性，我们现有的"玩"还不能完全与之配套，也没有必要完全配套，否则有可能成为"为应试而玩"的学习负担。

曾有不少老师希望我能编出与教材知识点配套的"同步引趣题"，我一直没编出来，其实也不想编出来，就是担心"同步引趣"成了新的"同步训练"。我的观点是，学生玩出了兴趣和思维，知识的学习就是水到渠成的事。所以，教师要从"带着知识走向学生"改为"带着思维走向学生"，为思维而教，进而引导学生为思维而学，促进学校走向思维教育。

2. 玩与民间游戏的问题

曹中平的《民间游戏与幼儿园教育——实践困境及其超越》的"引言"中，有四个小标题——"一、游戏文化是幼儿园文化的核心""二、民间游戏是现代幼儿园的智慧源泉""三、游戏精神失落呼唤民间游戏""四、创新思维用好民间游戏资源"。文中直言：

然而不幸的是，我们所处的时代却是一个游戏文化凋零、游戏精神失落的时代。

……

对于幼儿园，民间传统游戏意味着什么？大多数人都会认同，民间游戏是幼儿园不可或缺的文化资源。民间游戏中蕴藏着丰富的教育智慧。这种源于民间的教育智慧经受了时间的检验，凝结为一种潜在的教育机制，是儿童文化与教育生态的天然支柱，然而，这种具有厚重历史和民族情结的潜在智慧的现代性转换却是一个艰难的过程。

我们要努力做的是"创造性地运用民间游戏"，让这种"转换"不再艰难。

3. 玩与年龄增长的问题

在一些文献中，我们经常会看到这样的文字：孩子，天生就是游戏者，对他们而言，学习理应成为一种有意义、有价值的游戏。

教育家克鲁普斯卡娅曾说："对于儿童来说，游戏是学习，游戏是劳动，游戏是重要的教育方式。"

新加坡前总理李显龙说："对孩子来说，在玩耍中学习和嬉戏是有益的。请让你的孩子拥有童年。"

说到玩，说到游戏，很多人会说那是儿童的、孩子的。我的问题是，这里的"儿童""孩子"大约是哪个年龄段？教育实践中，让幼儿园的孩子玩，可以；让小学低年级的学生玩，也还有一些；让小学高年级的学生玩，开始减少；初中生基本就不玩了，高中生也不可能再去玩了。

其实，游戏现在已成为人们生活中无法分离的一部分，每个人的成长之旅始终伴随各种形态的游戏。我的观点是：将游戏进行到底。就基础教育而言，游戏要从娃娃玩起——玩出兴趣，带出思维；小学生一定要继续玩——玩而促思；中学生必须深化玩——玩转日常生活小游戏，悟透数学解题大奥秘。

4. 玩与教师教育的问题

我的《品玩数学之境》讲座很受老师们欢迎，一些学校或机构便邀请我给老师们进行培训，问："对老师有什么要求吗？"我说："没什么特别的要求，数学专科毕业或一般理科本科生就行。"我当时心里想，就是一些幼儿园和中小学的益智趣玩游戏，大家都应该学得来。

但培训之后，我发现我的讲课进度快不了，因为很多老师不会玩，甚至不会洗扑克牌。我说："拿出黑桃红心梅花方块的A、2、3、4、5、6，按序排好。"许多老师弄了半天都"理不顺"，到了讲授设计逻辑推理的问题时，一些老师更是听得"云里雾里"。

是啊，现在的很多老师本身就是应试教育背景下培养出来的，做学生时就很少玩，读大学时有谁教他们"品玩数学"呢？

这里我强烈建议师范院校的数学学院开设"趣味数学"必修课，注意：不是选修课，是必修课！"趣味数学"对中小学数学教师至关重要，是教师打开学生学习"天窗"的一把"金钥匙"。数学教师的职后培训内容也一定要融入"趣味数学"研究的新成果，这样才能培养出更多"玩味十足"的教师。

5. 玩与玩的次数和质量的问题

帕西·萨尔伯格和威廉·多伊尔在《游戏力》一书中指出："我们相信当孩子们玩耍的时候，每个人都是赢家。这并不意味着任何形式的玩耍都自然而然对身体健康或学习有益。玩得越多并不一定越好。"

这里提出了一个问题：玩的次数与质量。

对于玩，我的观点是：初始之玩，可以多玩一些，主要的"激趣"；常态之玩，就要引导学生"玩而会思"，反思于玩之前，或玩之中，或玩之后；持续之玩，就要引导学生"玩转玩味"，玩出游戏背后的数学原理和可能有的历史文化。

"深度玩耍价值高"，有时候，"少就是多，精就是妙""浓缩的就是精华"。

五格变四格

游戏器具：准备火柴棒，并摆成如下图所示的图形。

游戏玩法：能否移动其中的两根火柴（不能把两根火柴放在同一边上），使正方格数由5减至4？存在多少种解法？

游戏目的：引导学生先思后摆，培养学生的观察能力、分析能力和思维能力。

游戏解答：对于这个游戏，我们要先明确图中有几根火柴棒。

有人看到题后直接动手玩，即使经过不断试错最后摆放成功，其思维仍没有得到有益训练。有人看到题后"数"火柴棒，此时，有的从上往下数，有的先横数再竖数，虽然最终都数出共有16根，但无序"乱数"就不好；有人观察发现，五格中，两格有"公共边"的有4根火柴棒，$4\times5-4=20-4=16$，有16根火柴棒，太有才了——这种直觉思维难能可贵！

16根火柴棒要由五格变四格，$4\times4=16$，四格一定没有公共边！这样，玩家就有了"方向"。有了"方向"，摆出四格很容易。但我们要论证"是否唯一"。

只移动两根火柴，需要重新组合成4个方格，显然如果此问题有解，则改造成的4个方格一定在下图中，又16根火柴棒造出4个方格，造出的方格无公共边才行。我们用枚举法推理：若选x_1，则只能选x_2、x_3、x_4；若选y_1，只能选y_2、y_3，不合。所以它们构成唯一的图形。

这就是这个游戏的"思维价值"！

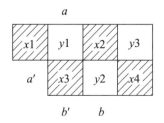

第二章
"数学玩育"的提出

回望教学往事,我是一路"玩着"过来的。从初为人师和学生玩趣题、玩游戏——初识"好玩",到后来因学生数学成绩"不漂亮"而意识到数学仅仅"好玩"是不够的,还要"玩好"——动手更要动脑,我逐渐悟出"玩好"是有层次的:"玩"到深处、"玩"到远处,就可谓"玩转"了;跳出数学"玩"数学,玩出文化,玩出素养,也就有"玩味"之韵了。

我的实践表明,"品玩数学"是一种行之有效的教学主张,这个主张是破解当下数学教育困境的"一剂良方"。在此基础上,我把"品玩数学"凝练成"数学玩的教育"(简称"数学玩育")。"玩育"源于"品玩",但高于"品玩"。

一、教育本真本原的样态

如果让"教育人"做一道填空题——"(　　　　),让教育回归本真本原。"我想,答案会有很多。于是,我在网上搜了一下,发现"主流"的答案是"游戏""合乎自然"和"尊重发展"。

教育本真,"本"指以人为本,"真"指求是求真。教育本真应该以关注学生的成长为目标,关注学生的真实感受和真实生活,追求教育的真实性与有效性。

所谓"本真教育",指的是以学生未来发展为出发点与归宿点,充分按照教育规律与学生的身心发展规律,通过多种课堂形式与教学方法,追寻课堂的简洁实效,真正回归本真,从而提高教学质量的教育。

数学教育,呼唤"回归本真",呼唤一种"道法自然"的"无为"境界,呼唤顺其教育规律的"水到渠成"。

有人说,教育的终极目标更应体现教育的本原,即通过知识和见识的培养与提高,启迪人的心灵,完善人的修养和品行,构建和谐、自然的生命历程。教育之"本",实际上就是塑造一种人的存在方式。

有人说,教育的本原说到底就是为人的发展服务,应该是以人为本,因材施教,有教无类。教育的终极目的是人的发展,离开了人,就没有了教育。高度尊重人的生命发展规律是一切教育的逻辑起点,也是教育回归的原点。

那么,数学教育的本原是什么?

"最好的数学启蒙就是一个字",初看这个题目,我就很好奇那个字是什么,读完发现:对儿童而言,最好的数学启蒙就是一个字——玩。我忽然醒悟:玩,也许就是教育的本真本原!玩,也许就是顺应教育规律,着眼学生未来。"数学玩育",能为学生在课堂上营造本原、自然的冲动,引起好奇、兴趣、疑问、探索等求知的欲望,自觉地主动参与课堂学习活动,教师和学生一起"揭示数学的神奇,发现数学的完美,探索数学的应用,表达数学的精深"。

教育的对象——孩子,天生就是游戏者,对他们而言,学习理应成为一种有意义、有价值的游戏。尊重学生热爱游戏的天性开展教育教学,理应成为促进学生完整学习、完整成长的重要方式。比如,我们随便找几枚棋子或几块石头或几种水果,就可以和学生玩起来。学生的思维,也就在这样的玩乐中自然而然地发展起来了。

6 枚棋子

游戏器具:准备 6 枚棋子放在桌上,其中第一堆只有 1 枚,第二堆有 2 枚,第三堆有 3 枚。

游戏玩法：A、B 两人轮流拿这些棋子。每人每次可以拿走一堆棋子或一堆棋子中的几枚，但不能不拿，也不能跨堆拿，拿到最后一枚棋子的胜。请问，后手是否有必胜的对策？

游戏目的：深化对策意识和变式意识，培养学生的思维能力和类化能力。

游戏解答：这个游戏至少可以和二年级的学生玩。

退，退到两堆呈（1，1）状态，后拿者胜。进，进一点点，到（1，2）状态，先拿者胜。再进一点点，到（2，2）状态，后拿者胜：先拿者取 2，后拿者也取 2 胜出；先拿者取 1，后拿者也取 1，呈（1，1）状态，后拿者胜。

变式：棋子呈（1，4，5）状态，可以和学生这样分析：

情况 1：先手取"光"后手取"等"，如（0，4，5）→（0，4，4）；

情况 2：先手取"等"后手取"光"。如（1，4，4）→（0，4，4）。

情况 3：先手不取"光"也不取"等"，后手就给出（1，2，3），如（1，2，5）→（1，2，3）。

实际玩时，场面很热闹，学生在不断讨论中思维得到碰撞。

三堆棋子

游戏器具：准备三堆棋子放在桌上，其中第一堆只有 1 枚，第二堆有 $2n$ 枚，第三堆有 $2n+1$ 枚。

游戏玩法：A、B 两人轮流拿这些棋子。每人每次可以拿走一堆棋子或一堆棋子中的几枚，但不能不拿，也不能跨堆拿，拿到最后一枚棋子的胜。请问，后手是否有必胜的对策？

游戏目的：深化对策意识和变式意识，培养学生的思维能力和类化能力。

游戏解答：这一游戏后手（B）有必胜的策略。

为方便描述，我们记桌上三堆棋子的形势为（1，$2n$，$2n+1$）。

当 A 拿完后，B 一定能把桌上的棋子堆变成（p，p）或（1，$2n'$，$2n'+1$）的形式（$n'<n$）。

事实上，若 A 拿掉单枚的一堆，则 B 可拿 2n+1 枚那一堆中的一枚，从而变成（p，p）的形式；若 A 拿掉 2n+1 枚那一堆中的一枚，则 B 可拿掉单枚的那一堆，也变成（p，p）的形式；若 A 从 2n 或 2n+1 枚的那堆中拿掉若干枚，则 B 一定可以将棋子堆变成其中的奇数堆比偶数堆多一枚的形式，即拿成（1，2n'，2n'+1）的形式。

对于（p，p）的形势，B 可以跟着 A 对称地拿，从而确保拿到最后一枚。

对于（1，2n'，2n'+1）的形势，B 可以拿成枚数更少的类似形式，直至拿成（1，2，3）。接下来无论 A 如何拿，B 总能拿到最后一枚，从而获胜：

A 拿成（0，2，3），B 拿成（0，2，2），B 胜；

A 拿成（1，1，3），B 拿成（1，1，0），B 胜；

A 拿成（1，0，3），B 拿成（1，0，1），B 胜；

A 拿成（1，2，2），B 拿成（0，2，2），B 胜；

A 拿成（1，2，1），B 拿成（1，0，1），B 胜；

A 拿成（1，2，0），B 拿成（1，1，0），B 胜。

游戏拓展：这一游戏如果约定拿到最后一枚棋子的人输，后拿的照样必胜，其策略无须作太大的更改。

事实上，对于（p，p）形势，B 同样可以跟着 A 对称地拿，只是到最后需要稍作改动：

A 拿成（0，p），B 拿成（0，1）；

A 拿成（1，p），B 拿成（1，0）。

对于（1，2n'，2n'+1）的形势，B 同样可以拿成枚数更少的类似形式，直至拿成（1，2，3）。接下来也只需稍作改动：

A 拿成（0，2，3），B 拿成（0，2，2），B 胜；

A 拿成（1，1，3），B 拿成（1，1，1），B 胜；

A 拿成（1，0，3），B 拿成（1，0，0），B 胜；

A 拿成（1，2，2），B 拿成（0，2，2），B 胜；

A 拿成（1，2，1），B 拿成（1，1，1），B 胜；

A 拿成（1，2，0），B 拿成（1，0，0），B 胜。

总之，无论哪种形式，B 一定有办法把最后一枚留给 A，以确保自己获胜。

玩到此时，就玩出高中生的数学思维了。

一局闷宫棋

游戏器具：准备如下图所示的一副象棋残局。

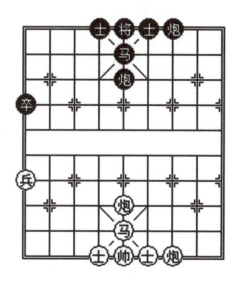

游戏玩法：如果你先走，如何才能取胜？

游戏目的：让学生感受数学应用的广泛性，培养学生的化归能力。

游戏解答：这局棋先走的人第一步走"炮七进三"，可操胜券。

事实上，当先走的人走了"炮七进三"之后，场面上形成双方可动步数为（1，4，5）的局势。这就化归为 $n=2$ 时的"三堆棋子"游戏，从而先走的人必胜。

这样玩，就玩出触类旁通、举一反三的数学思维了。

甲乙对弈

游戏器具：准备 $8×8$ 棋盘一个，在棋盘上按下页图所示摆放黑、白棋子各8枚。

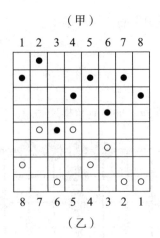

游戏玩法：如上图，在 8×8 的正方形棋盘上，黑白双方各有 8 枚棋子，每列一个。甲先手执黑，乙后手执白，双方轮流运子。规则：每次动一子，各子只能在本列中前进或后退，格数不限，但不允许超越对方棋子。谁能使对方无步可走，即为胜者。

请问，对弈的双方是否有必胜的策略？

游戏目的：培养学生的化归能力和思维能力。

游戏解答：本游戏乙有必胜的策略。

事实上，如果有一方能走到下图所示的状态，两边成为"对顶"的形式，那么这一方实际上已经取得了胜利。因为接下去只是"一退一进"，直至被对方"顶死"。

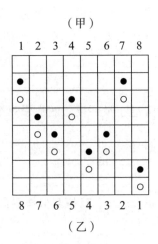

这样，问题就化归为"三堆棋子"的问题：

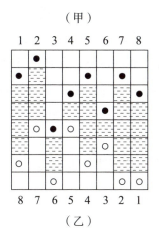

对弈开始状态为（4，3，2，1，4，1，5，4），不难看出，上述状态可以看成下面"获胜状态"的组合——（1，2，3），（4，4），（1，4，5），因而状态（4，3，2，1，4，1，5，4）也为"获胜状态"。

所以，这一游戏，后手的乙有必胜的策略。

玩到这种境界，我们就悄然无声地让学生步入奥数的世界了。

二、发展素质教育的需求

素质教育观念之一：能使学生生动活泼、主动地发展的教育，才是成功的教育。让学生在"我要玩，我爱玩"中成长，就是一种主动发展。

素质教育观念之二：教师的才干不仅表现为渊博的知识，而且要善于为学生营造宽松愉悦的成长环境。让学生浸润在"玩中受益"的时空里，算不算是一种"宽松愉悦的成长环境"呢？

素质教育观念之三：好的学校应当是生动活泼的乐园。把"品玩数学"的理念融入数学学习和活动中，学生在玩中玩出了惊喜、玩出了好奇、玩出了思维，体验到"原来数学如此有趣"，获得了高层次的智力满足，"玩的数学"就是"生动活泼的学园"。

素质教育经历了从实施素质教育、推进素质教育,到全面实施素质教育、发展素质教育的发展历程。

基于"发展素质教育"观的课堂,是我们呼唤的"好课堂",其样态应是"新知"的沃土、"赋能"的平台、"智学"的乐园、"共情"的天地、"发展"的母港。"品玩数学"教学主张下的课堂,其实与"好课堂"的样态非常相似。

曾经有学生家长发给我一道四年级的题:给出下面两幅图,求桌子的高度。

桌子有多高?

A 110厘米 B 120厘米 C 130厘米 D 140厘米 E 150厘米

我觉得这道题是一道非常好的"素养题",数学观察、数学直觉、广义对称、消元思想等在这道题里面都考查到了。

我在家长群里这样说:"不要拿笔,30秒正确解答者,优秀;60秒正确解答者,良好;90秒正确解答者,及格。"家长群"炸了"——出现流眼泪、苦瓜脸、尴尬相、捂脸等表情图,直言:"我们都不及格。"

感兴趣的朋友不妨也试试,考一考你的数学素养!

三、绿色数学教育的呼唤

传统的数学教学有十大弊端:单调的"标准化"导致固步自封,统一的"程式化"导致创新匮乏,纯粹的"应试化"导致枯燥乏味,极端的

"功利化"导致压抑人性,流行的"填鸭式"导致疲于应付,"重结果轻过程"导致舍本逐末,"重教法轻学法"导致南辕北辙,"重灌输轻探究"导致浅尝辄止,"重教材轻学生"导致兴趣丧失,"重知识轻能力"导致眼高手低。这就导致学生产生"数学学习悖论":"我们爱数学,但我们不爱数学题!"

一位数学教师如何能让学生既爱数学又爱数学题呢?那就是和学生一起玩数学、用数学、品数学,玩中激趣,用中获知,品中增智;那就是让数学题变得有趣、好玩,玩出思维,玩出变式,玩出归纳,玩出文化,也同时玩出了常规题,玩出了创新题,玩出了中考题,玩出了高考题,玩出了奥数题。

时代呼唤绿色的数学教育,相信"数学玩育"能为数学教育抹上一片"绿"。

下面是一道"数学玩育"题:

由上转下

游戏器具:准备6个小圆片,把6个小圆片摆成如下图所示的正三角形。

游戏玩法:请你移动2个圆片,使6个小圆片摆成一个倒正三角形。

游戏目的:培养学生的观察能力和思维能力。

游戏解答:如下图所示,将两个虚圆向上移即可。

游戏说明:在放圆片时,教师要有意识地多放一些。玩完后,教师要注意观察一下学生：如果学生玩完后什么也没做，就是"1.0版"的学生；如果学生要求再给一道游戏题玩，此时算是"2.0版"的学生；如果学生拿起桌上的小圆片摆成4行，研究要移动几个才能摆成一个倒正三角形，就是"3.0版"的学生。

要让学生玩出真正意义上的数学，教师就要引领学生走向"3.0版"。所以教师要引导学生学会探索一般性问题。就本题而言，一般性问题是"n层小圆片的移动问题"。

探索之路： 4层最少要移动3个小圆片，5层最少要移动5个小圆片，6层最少要移动7个小圆片。当层数增加时，我们可以利用一个倒三角形来研究这个问题，并得出一般结论。

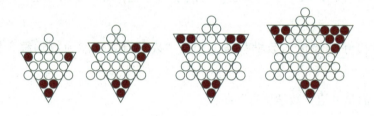

三角形的圆片层数	三角形的圆片个数	倒立后至少需要移动的个数	三角形的圆片层数	三角形的圆片个数	倒立后至少需要移动的个数
2	3	1	12	78	26
3	6	2	13	91	30
4	10	3	14	105	35
5	15	5	15	120	40
6	21	7	16	136	45
7	28	9	17	153	51
8	36	12	18	171	57
9	45	15	19	190	63
10	55	18	20	210	70
11	66	22			

一般结论： 从$3n-1$层起到$3n+1$层止，每增加一层，需要多移动n个圆片。（$n=1$，2，3，…）

6个小圆片，我们玩出了一片"新天地"。

从2、3、4层开始分析，找规律，再从5、6、7层分析，找规律。持续关注一个问题，并进行探索，研究这个问题的"诗和远方"。这个游戏可以和幼儿园小朋友玩2、3、4层的，可以和小学生玩到10层的，可以和初中生玩到100层并找出规律，可以和高中生玩到 n 层并对猜想进行证明。

四、学生灵性生长的路径

"为什么我们的学校总是培养不出杰出人才？"这是著名的"钱学森之问"。许多教育者认为，我们的教育缺乏灵性，没有灵性的教育怎能培养出有灵性的学生？所谓"灵性"，指的是人所具有的聪明才智，对事物的感受和理解的能力，是一个普通人才成长为杰出人才所必须的条件。"让学生灵性生长"应成为发展素质教育的重要趋势，成为教育人的自觉行动。

游戏，尤其是数学游戏，是一把让学生灵性生长的"金钥匙"。《游戏力》一书向读者证明了，所有的孩子都应在身体成长、情感发展以及学习的过程加入游戏。因为愉快的游戏可以培养他们的思维方式，让他们得以更好地成长。

"数学玩育"，可以为学生灵性生长助力。例如，什么是立体几何？我们可以从"4个瓶子"玩起。

4 个瓶子

游戏器具：4个同样大小的啤酒瓶。
游戏玩法：摆放4个啤酒瓶，使任意两个瓶口中心之间的距离都相等。
游戏目的：突破思维定式，感受立体几何。
游戏解答：把其中一个倒过来放就可以了！

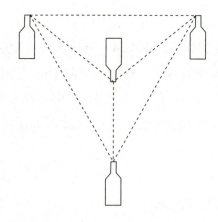

"摆"4个瓶子，就摆出了"立体思维"的意识，就让学生有了空间想象力，有了立体几何的概念。立体几何，从某种角度也可以说是"不同面上的平面几何"。

又如：

撕纸问题

游戏器具：一张废旧的 A4 纸。

游戏玩法：一张 A4 纸，将其撕成 5 片，以后的每一片都可再撕成 5 片，重复该动作，能否撕成 2001 片？

游戏目的：培养学生的实验意识和归纳能力。

游戏解答：真正去撕一下是不可能的，因为撕到 2001 片所用的时间肯定比经过思考得到答案所用的时间多得多。我们只关注实验结果是没有意义的，真要动手去撕纸片，我们的大脑也会在撕的过程中关注是否可能找到出现的规律，而这一规律是很容易被发现的。

原来的一张纸，每撕一次，将增加 4 片，撕第 n 次，会得到 $4n+1$ 片。

令 $4n+1=2001$，得 $n=500$，即撕第 500 次可撕成 2001 片。

游戏拓展：撕成 2020 片，可以吗？（不可以）

"撕"一张纸，"撕"出了一个"灵性的大脑"。

换色游戏

游戏器具：准备一个 3×3 的棋盘，棋盘上摆放如图 1 所示的黑白棋子。

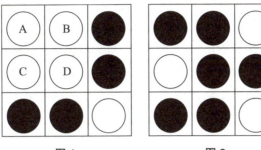

图 1　　　　　　图 2

游戏玩法：每次可以更换同一行或同一列 3 枚棋子的颜色，即白换成黑，黑换成白。请问：能否通过有限次的"换色"，变成图 2 的样子？

游戏目的：感受反证法，培养学生的奇偶分析意识和论证能力。

游戏解答：聪明的学生在尝试几次失败之后，一定会猜到结论是否定的。对于否定的结论，直接证明很困难，我们可以利用反证法进行证明。

假设图 1 能通过"换色"变为图 2。设第 1、2、3 行的棋子分别实行了 a、b、c 次换色，第 1、2、3 列的棋子分别实行了 x、y、z 次换色。显然，每枚棋子既接受了行的换色，又接受了列的换色。于是：

棋子 A 经过 $a+x$ 次换色后，由白变黑；

棋子 B 经过 $a+y$ 次换色后，由白变黑；

棋子 C 经过 $b+x$ 次换色后，保持白色；

棋子 D 经过 $b+y$ 次换色后，由白变黑。

A、B、C、D 四枚棋子共经过 $(a+x)+(a+y)+(b+x)+(b+y)=2(a+b+x+y)$ 次换色操作，这显然是个偶数。但实际上，从图中可以看出，A、B、C、D 四枚棋子所经过的总换色次数只能是奇数。这是因为，偶数次的操作绝不可能把四个白子变为一白三黑。这一矛盾表明，游戏中所说的"换色"是不可能实现的。

换几次"色"，"换"来了一个"数学脑"！

五、减轻学生负担的探索

减负，是一个很难的问题。减负，首先要辩证地看。负担适度，学习质量高。负担不均则会呈现"五重五轻"——智育负担重，"四育"（德育、体育、美育、劳育）负担轻；动脑负担重，动手负担轻；左脑负担重，右脑负担轻；记忆负担重，思维负担轻；作业负担重，活动负担轻。被动学习，会让学习变成一种苦役，一种负担；主动学习，则会使学习变成一种需要，一种享受。

"数学玩育"，在我看来，就是一种可以让"轻"变"重"的教育。因为"玩例"中大多数是需要动手玩的数学游戏，绝对是左右脑并用。"思维是可以玩出来的"，"玩"就是一种身心愉悦的快乐活动。

减负，不妨从"玩育"开始。学生喜爱"玩"，"玩中学"就是主动学习，既是一种需要，更是一种享受。

当然，"玩育"也不是一点负担都没有，"玩"到深处，也颇具挑战。但这种挑战，是一种欲罢不能，是一种如痴如醉，是一种流连忘返。相比无休止的"刷题"，这种挑战对学生而言，可能就不算什么负担了，甚至有可能是一种"探索的幸福体验"。

我曾写了一篇《"双减"呼唤教师为思维而教》，文中我指出，教师若能"为思维而教"，进而指导学生"为思维而学"，再以教师的力量促进学校"走向思维教育"，那么学生的思维力"加"了，学生的学习力"加"了，"双减"何愁不减？

"数学玩育"，玩的就是思维。"玩育"要求教师为思维而教，引领学生为思维而学，促进学校走向思维教育。

下面是我为减轻学生负担而做的一个"玩育"探究。

一块电路板

在给高一学生讲"充要条件"时,我到学校物理实验室借了一块"可调节"的电路板。走进教室时,学生笑着问我:"任老师,你今天是要讲物理吗?"我笑而不答。

其实,我是想利用"电路板"讲"充要条件",让学生对相对抽象的"充要条件"有更直观的认识。

学生学了"充要条件"后,我和学生归纳如下:

1. 充分条件。

文字表达:若 A 成立,则 B 成立,就说 A 是 B 成立的充分条件。

假言判断:有之必然,无之未必然。

数学表达:A ⇒ B,就说 A 是 B 成立的充分条件。

图示:

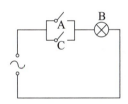

A 是 B 成立的充分条件

2. 必要条件。

文字表达:若 B 成立,则 A 成立,就说 A 是 B 成立的必要条件。

假言判断:无之必不然,有之未必然。

数学表达:B ⇒ A,就说 A 是 B 成立的必要条件。

图示:

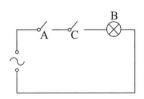

A 是 B 成立的必要条件

3. 充要条件。

文字表达：若 A 既是 B 成立的充分条件，又是 B 成立的必要条件，就说 A 是 B 成立的充要条件。

假言判断：有之必然，无之必不然。

数学表达：A ⇔ B，就说 A 是 B 成立的充要条件。

图示：

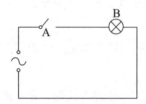

A 是 B 成立的充要条件

这样，学生对"充要条件"就会有一个初步的认识，再通过一定题目的训练，对这个知识点就会有更深刻的认识。

在这个故事中，学生对我所做的"图示"非常感兴趣——因为是"电路图"。这样学习"充要条件"，学生的"负担"就会轻很多。

第三章 "数学玩育"的理念

思维是智能的核心,数学思维是人类智慧的最精彩绽放,而数学思维是可以"玩"出来的。"数学玩育"的理念就是教师为思维而教,学生为思维而学,数学学习重在思维,学校要走向思维教育,而思维是可以玩出来的。

一、教师——为思维而教

郅庭瑾所著的《为思维而教》认为,当今教育最为深刻的危机之一,就在于知识占据了至关重要的地位,培养和塑造"知识人"成为根深蒂固的教育理念。唯有当知识被用来开启心智,知识被用于解决实践问题的时候,知识才真正找到了通向美德的通途,才能够转化成为人生智慧的力量。该书作者呼唤:让教育成为充满智慧的活动,教师要为思维而教。教会学生思维,是教育的使命。

"思想"作为人类的特质,未来会将我们带向何方?被霍金誉为"会讲故事的物理学家"伦纳德·蒙洛迪诺,从"求知欲"的独特视角,在《思维简史——从丛林到宇宙》一书中为我们展示了一部跨越数百万年的人类进化史。他历数了科学发展过程中的关键时期和关键事件,揭示了这一切背后的发展动力,那就是人类的求知欲和好奇心。该书结语中特别强调了批判性思维和创新思维的重要性。

我们还可以从姜继为所著的《思维教育导论》中找到更多"为思维而教"的论述，如"思维教育的意义"一章中涉及"思维：知识的源头""思维：教育的目标、内容和途径""思维比知识重要""知识至上型教育及其危害""思维：学习能力的关键和基础""思维教育：解决学校重大发展问题的杠杆""迈向思维与知识并重的教育"等内容。该书认为：思维教育，是教育的新领域、学校的新内涵、教学的新标准和育人的新高度。

蒲公英评论特约评论员宫振胜认为：核心素养最应该聚焦的是思维素养。古今中外，不少思想大家都强调思维的重要性，如叔本华认为，尽管有时候我们可以在一本书里轻而易举地找到自己几经艰辛、缓慢的思考和组合才得以发现的某一见解或某一真理，但是，经过自己的思维所获得的见解或真理却是价值百倍。帕斯卡尔认为，人类是一根会思维的芦苇，正是因为懂得思考，人类才成了万物之灵长。

正是认识到思维的重要性，不少学者把思维培养放到了教育的核心地位。比如，钱学森提出，教育最终的机理在于思维过程的训练。哈佛大学教授迈克尔·桑德尔提出，学习的本质，不在于记住哪些知识，而在于它触发了你的思考。以色列教育学家、心理学家费厄斯坦呼吁，思维过程应放在教学的核心位置。杜威在其著作《我们如何思维》一书中写道："智育的全部和唯一目的就是要养成细心、警觉和透彻的思维习惯。"

《中国学生发展核心素养》公布后引发学术界思考一个问题：核心素养的核心是什么？林崇德教授在《从核心素养到学生智能的培养》的演讲中提到，教学的着重点在于发展学生的智能（智力与能力的总称），而思维是智能的核心。林崇德教授在《基于学生发展核心素养的中小学课程与教材》报告中明确指出："在核心素养的文化基础方面有两个问题，一个是人文底蕴，一个是科学精神。人文底蕴与科学精神是核心素养中的两大素养。它们的关键是思维教学。"钟启泉教授认为："核心素养是指学生借助学校教育所形成的解决问题的素养与能力，是学生适应终身发展与社会发展需要的必备品格和关键能力。培养学生的思维素养是核心素养的核心。"

程红兵认为，基础课程实施校本化重构是当下课改学校的首要命题，重构的意义就在适应本校学生的需求,强化课程的针对性和实效性,也体现所谓的学校特色、学校个性。但重构课程一定要跳出形式化的藩篱,不能就形式变形式,尤其是课堂变革一定要实现内涵的变革、思维的变革。他强调,更高层次的课堂重建,要有思维的含量、智慧的含量和文化的含量。

为思维而教,让课堂成为思维的乐园;为思维而教,让教师灵性生长。能够胜任"为思维而教"的教师,就要提升自身的思维品质。如何提升教师的思维品质?不妨读一下李亚男所著的《教师必备的思维品质》一书。

二、学生——为思维而学

思维是人的学习活动的核心。人类认识客观事物,学习基本知识,掌握基本规律,进行创造发明,都离不开思维。坚持不断地思考,是事业成功的重要基础。爱因斯坦说:"学习知识要善于思考、思考、再思考,我就是靠这个方法成为科学家的。"牛顿说:"思索,继续不断的思索,以待天曙,渐渐地见得光明……如果说我对世界有些微贡献的话,那不是由于别的,只是由于我的辛勤耐久的思索所致。"爱迪生说:"我平生从来没有做出过一次偶然的发明,我的一切发明,都是经过深思熟虑、严格试验的结果。"

思维在学习中具有特别重要的意义。子曰:"学而不思则罔,思而不学则殆。"意思是说,只学习,不思考,就会迷惘无知,得不出结果;只思考,不学习,就会疑惑不解,思不出结论。思维在学习中的作用具体表现在三个方面:一是通过思维可以更好地理解知识。无论学习什么知识,都必须深刻地理解它,而要做到这一点,就要进行独立思考。对于数学,正如数学家杨乐、张广厚所说的:"数学是一门着重于理解的学科,在学习中要防止死记硬背、不求甚解的倾向,一定要勤分析,多思考。"二是通过思维可以更好地巩固知识。学习任何知识,都必须牢固地掌握它,而要做到这一点,就要积极开展思维。苏联教育家加里宁说:"问题不仅要记得,而且主要的是要懂得。"苏霍姆林斯基也说:"为了取得牢固的知识,还必须进行思考。"三是通过思维可以更好地运用知识。我们所学的知识,必须在运用中才能加深理解和牢固掌握，各种能力也只有在运用中才能充分表现和综合提高。运用的一个重要表现是用已有的知识和能力去解决不熟悉的问题。

如何培养学生的思维能力？

一是培养良好的求知欲和刻苦的钻研精神。脑子越思考越灵活，越思考越发达。有些学生不爱动脑，懒于思考，生搬硬套，对思维发展极为不利。古今中外，大凡在事业上做出重要成就的人，都具有极高的求知欲和刻苦的钻研精神。科学学的奠基人贝尔纳说："构成我们学习最大障碍的是已知的东西，而不是未知的东西。"他的话批评了那些满足于现有的知识和成绩的人。富兰克林说："懒惰，像生锈一样，比操劳更能消耗身体；经常用的钥匙，总是亮闪闪的。"

二是不断丰富知识和经验。苏联心理学家捷普洛夫有句名言："一个空洞的头脑是不能进行思维的。"一个人在某方面的知识越丰富，技能技巧越熟练，思路就越灵活，判断就越准确。孤陋寡闻、知识贫乏，思考和想象也必然不足。就像数学基础差的学生，学习物理就必然感到吃力；动手能力差的学生，创造发明的成功率往往不高。尽量充实自己的知识，培养一定的技能技巧，这是发展思维的重要前提。

三是养成独立思考的习惯。独立思考，最重要的是"独立"二字。玩游戏、想问题，要强迫自己思考，多问几个"为什么"，多想几个"怎么办"，不断提出疑问，不断解决疑问，知识才能长进，思维才能提高。苏霍姆林斯基说："要靠自己的努力去获取知识。"独立思考是重要的，而善于独立思考的人在一起"集思"，同样重要。同学之间的讨论、争辩，对于锻炼思维能力有很大的促进作用。

四是学会几种思维方式。思维是一门科学，也是一种艺术。为了把思维引向深入，可以采用不同的方式。例如，可以横向展开，也可以纵向延伸；可以由四周向一点集中，也可以由一点向四周辐射；可以正面进攻，也可以反面出击；可以通过模仿进行思维训练，但又要防止思维定式。

五是敢于提出问题，大胆质疑。法国著名文学家巴尔扎克认为："打开一切科学的钥匙都毫无异议的是问号，我们大部分的伟大发现都应该归功于'如何',而生活的智慧大概就在于逢事都问个为什么。"思维永远是从问题开始的,在学习中要善于提问。质疑是创造性思维的一种重要方法,"疑"是思之始,进之由。伽利略正是对亚里士多德的力学原理产生了怀疑,才能设想铁球和铅球的坠落速度同它们的重量无关。正是由于这种怀疑和设想,才产生了做实验的念头,从而证实了他的设想。所以,疑就是矛盾,疑就是问题,疑孕育着创造。

可见,思维影响学习的深浅,思维影响学习的速度,思维影响学习的方式。教师要相信每个学生都有巨大的思维潜能,将思维教育进行到底。

有人说:人的思维是世界上最美好的花朵,人人都有这样美好的花朵。也有人预言:在一个不远的将来,一个世界性的思维训练热潮会席卷全球。学生为思维而学,我们还要等待吗?

三、学科——关注思维素养

学科核心素养是学科育人价值的集中体现,是学生学习相应学科课程后应达成的正确价值观念、必备品格和关键能力。

各学科基于学科本质凝练学科核心素养,是为建立核心素养与课程、教学的内在联系,充分发挥各学科课程、教学在全面贯彻党的教育方针、落实立德树人根本任务、发展素质教育等方面的独特育人价值。

新一轮的课程改革必将围绕中国学生发展核心素养和学科核心素养的落实展开。各学科教学在传授知识的过程中,需更加关注学科思想、思维方式等,克服重教书轻育人的倾向。如何评价学生的学科核心素养特别是学科能力,以及在教学中有针对性地进行培养,是各学科教师和教研人员面临的富有挑战性的工作。

学科核心素养,除了关注"学科思想",还有一个共同的指向——关注"思维方式"。下面具体分析一下普通高中各学科的核心素养。

数学学科核心素养由数学抽象、逻辑推理、数学建模、直观想象、数学运算和数据分析构成。虽然没有直接说到"思维",但"数学是思维的体操"，几乎每个素养都与"思维"有关。比如，数学抽象是数学的基本思想，是形成理性思维的重要基础。又如，逻辑推理是得到数学结论、构建数学体系的重要方式，是数学严谨性的基本保证，是人们在数学活动中进行交流的基本思维品质。再如，直观想象是发现和提出问题、分析和解决问题的重要手段，是探索和形成论证思路、进行数学逻辑推理、构建抽象结构的思维基础。

物理学科核心素养由物理观念、科学思维、科学探究、科学态度与责任构成。其中，科学思维是分析综合、推理论证等方法在科学领域的具体运用；是基于事实证据和科学推理对不同观点和结论进行质疑、批判，进行检验和修正，进而提出创造性见解的能力与品质。科学探究是指基于观察和实验提出物理问题、形成猜想和假设、设计实验与制订方案、获取和处理信息、基于证据得出结论并做出解释，以及对科学探究过程和结果进行交流、评估、反思的能力。

化学学科核心素养由宏观辨识与微观探析、变化观念与平衡思想、证据推理与模型认知、科学探究与创新意识、科学态度与社会责任构成。其中，证据推理与模型认知指能初步学会收集各种证据，对物质的组成、结构及其变化提出可能的假设；基于证据进行分析推理，证实或证伪假设；能解释证据与结论之间的关系，确定形成科学结论所需要的证据和寻找证据的途径；能认识化学现象与模型之间的联系，能运用多种模型来描述和解释化学现象，预测物质及其变化的可能结果；能依据物质及其变化的信息建构模型，建立解决复杂化学问题的思维框架。

生物学科核心素养由生命观念、科学思维、科学探究、社会责任构成。其中，科学思维指的是尊重事实和证据，崇尚严谨和务实的求知态度，运用科学的思维方法认识事物、解决实际问题的思维习惯和能力；能够基于生物学事实和证据运用归纳与概括、演绎与推理、模型与建模、批判性思维等方法，探讨、阐述生命现象及规律，审视或论证生物学社会议题。

语文学科核心素养由语言建构与运用、思维发展与提升、审美鉴赏与创造、文化传承与理解构成。其中，思维发展与提升是指学生在语文学习过程中，通过语言运用，获得直觉思维、形象思维、逻辑思维、辩证思维和创造性思维的发展，促进深刻性、敏捷性、灵活性、批判性和独创性等思维品质的提升。语言的发展与思维的发展相互依存，相辅相成。因此，思维发展与提升也是学生语文核心素养的重要组成部分，是学生语文素养形成和发展的重要表征之一。

历史学科核心素养由时空观念、史料实证、唯物史观、历史解释、家国情怀构成。其中，时空观念是在特定的时间联系和空间联系中对事物进行观察、分析的意识和思维方式。史料实证指对获取的史料进行辨析，并运用可信的史料努力重现历史真实的态度与方法。历史解释指以史料为依据，对历史事物进行理性分析和客观评判的态度、能力与方法。

思想政治学科核心素养由政治认同、科学精神、法治意识、公共参与构成。其中，科学精神是人们在认识和改造世界的过程中表现出来的一种精神取向，具有理智、自主、反思等思维品质和行为特征。通过本课程的学习，学生能够运用马克思主义基本立场、观点和方法观察事物、分析问题、解决矛盾，面对经济、政治、文化、社会和生态文明建设中的问题，做出科学的解释、正确的判断和合理的选择，坚定理想信念，树立文化自信，以负责任的态度和行动促进社会和谐。

地理学科核心素养由人地协调观、综合思维、区域认知、地理实践力构成。其中，综合思维指人们运用综合的观点认识地理环境的思维方式和能力。人类生存的地理环境是一个综合体，在不同时空组合条件下，地理要素相互作用，综合决定着地理环境的形成和发展。综合思维素养有助于人们从整体的角度，全面、系统、动态地分析和认识地理环境，以及它与人类活动的关系。

艺术学科核心素养由艺术感知、创意表达、审美情趣、文化理解构成。其中，创意表达是创造性的艺术表现活动，是学生在各种艺术实践中想象力、表现力、创造力的体现。通过本课程的学习，激发学生的想象力和创造力，理解中国艺术虚实相生等表现特征，追求形神兼备的意境美，探索传统艺术的创新。借鉴世界其他民族艺术成果，进行有个性的艺术表现，并将创意表达能力运用到其他学科和生活领域。

音乐学科核心素养由审美感知、艺术表现、文化理解构成。其中，艺术表现是指通过歌唱、演奏、综合艺术表演和音乐编创等活动，表达音乐艺术美感和情感内涵的实践能力。该素养旨在激发学生参与音乐表演和创作实践的兴趣，提高艺术表现水平。学生在其中接受熏陶、把握规律、感受乐趣，并在特定的艺术表现情境中丰富情感、充实心灵、激发想象力、发挥创造力、培养自信心、获得成就感。

美术学科核心素养由图像识读、美术表现、审美判断、创意实践、文化理解构成。其中，创意实践指在美术活动中形成创新意识，运用创意思维和创造方法。通过本课程的学习，学生能养成创新意识，学习和借鉴美术作品中的创意和方法，运用创造性思维，尝试创作有创意的美术作品；联系现实生活，通过各种方式搜集信息，进行分析、思考和探究，对物品和环境进行符合实用功能与审美要求的创意构想，并以草图、模型等予以呈现，不断加以改进和优化。

通用技术学科核心素养由技术意识、工程思维、创新设计、图样表达、物化能力构成。其中，工程思维是以系统分析和比较权衡为核心的一种筹划性思维。学生能通过图样表达设计构想，用技术语言实现有形与无形、抽象与具体的思维转换。

信息技术学科核心素养由信息意识、计算思维、数字化学习与创新、信息社会责任构成。其中，计算思维指个体运用计算机科学领域的思想方法，在形成问题解决方案的过程中产生的一系列思维活动。数字化学习与创新指个体通过评估并选用常见的数字化资源与工具，有效地管理学习过程与学习资源，创造性地解决问题，从而完成学习任务，形成创新作品的能力。

英语学科核心素养由语言能力、文化意识、思维品质和学习能力构成。其中，思维品质指思维在逻辑性、批判性、创新性等方面所表现的能力和水平。通过本课程的学习，学生能辨析语言和文化中的各种现象，梳理、概括信息，建构新概念，分析、推断信息的逻辑关系，正确评判各种思想观点，创造性地表达自己的观点，具备多元思维的意识和创新思维的能力。

除了体育与健康学科，其余学科的核心素养都涉及思维素养。实际上，体育与健康学科虽然没有"直言"思维，但是并不意味着没有思维，我们从体育比赛的直观视角上也能感受到其中的运动思维。

2022年，新版义务教育课程方案和课程标准发布。在对各学科的核心素养的表述中，除了数学学科的表述有比较大的变化，其余学科变化不大。数学学科的核心素养"直言"思维：会用数学的眼光观察现实世界，会用数学的思维思考现实世界，会用数学的语言表达现实世界。

所以，当所有学科都在关注思维素养时，数学更应该把思维素养做出来，做出数学思维教育的应有样态。

四、学校——走向思维教育

有人认为，从某种意义上说，"教育就是叫人去思维"，我觉得这句话很有道理。"授人以鱼不如授人以渔"，换句话说，习得知识固然重要，但习得思维方法更加重要。思维教育，是教育的新领域，是学校的新内涵，是教学的新标准，是育人的新高度。

思维教育之"新"，我们可以通过几本"影响教师的书"来进一步感受。

特级教师徐明的《思维影响教育——给教师88个批判式思考》一书，围绕思维与课堂、思维与德育、思维与课程、思维与教科研等，提出不少原创性思考。李政涛教授在"序"——《课堂革命，从思维革命开始》中这样说："思维的改变之难，是教育改革面临的最大瓶颈与障碍。最可怕的不是局长、校长和老师们没有新的教育理念和知识，而是思维的固化与僵化。随着教育改革的深入，教育人思维的更新、改变愈发急迫，'思维革命'的意义愈加凸显：只有革去旧思维，迎来新思维，课堂才能焕然一新，生命才会焕然一新，教育才能焕然一新。""'思维革命'是人的内心的革命，无论是哪一个具体方面的转型，都将经历漫长艰难的过程，但无论如何，对于已进入'深水区'的中国教育教学改革来说，这场革命不可避免，也无法阻挡，与旧思维'离别'的时候，已经到了。"

霍普金斯大学教育学研究生院教授玛丽·凯·里琪的《可见的学习与思维教学：让教学对学生可见，让学习对教师可见》是一本诠释教育新理念、新方向、新视野的读本。成长型思维教学已经改变和影响了美国及世界千万名教师和学生，正在影响中国课堂改革和中国教育变革。这本书用科学的理论和具体可行的操作建议引领教师接受成长型思维模式；针对学生核心素养培养的教育目标，教师重新审视课堂，改变思维方式，明确教学的思维航向，在课堂教学、师生关系、学校氛围中，打造出学生智力、行为、学习与思维方式的创新教学模式；培养学生成长型思维方式，改变学生对自身能力和潜力的固定思维，从失败中学习，不断挑战自我，认定努力和困难能创造新的神经元联结，让大脑越来越聪明，最终成为具备极强学习能力，保持学习热情，主动追求卓越，自信健康的优秀学生。

思维导学倡导者房超平的《思维第一：全面提升学习力》的封面上有一行醒目的话："为思维插上翅膀　让学习成为享受"。作者在"导论"中这样说："如果每一所学校都能开展思维导学课堂改革，让学生对学习充满兴趣，让学生成为自己学习的主人，课堂就会焕发新的活力，学生的思维就会在快乐中升华。"

美国优秀教师迈克尔·林辛的《设计智慧课堂：培养学生一生受用的学习习惯与思维方式》一书，通过独特的视角揭开了教师打造智慧课堂的教学诀窍——设定界限、敢于直面问题、勇于承担责任等。林辛老师非常善于讲故事，他入木三分地阐述了如何培养学生一生受用的学习习惯与思维方式。

在《深度学习：批判性思维与自主性探究式学习》一书中，美国教育战略家莫妮卡·R.马丁内斯和社会学家丹尼斯·麦格拉思反思美国公立教育中存在的问题：灌输知识，而没有注重提升能力，缺乏解决复杂问题的能力，缺乏协作能力和社交能力，无法在完成高中学业后胜任大学学习，更无法像成年人一样适应社会。当代中国学生最需要进行的"深度学习"是学会怎样学习，培养批判性思维与自主探究精神。本书通过美国高中的案例给了我们诸多启示。

学校教育更多地关注思维教育，这是时代的使命，也是学校的使命。

思维教育是教师教慧之道。高鹏老师在《从"教会学生"向"教慧学生"转型》一文中认为，零散的知识是构不成能力的；教学不能止于知识，而要进入思维。在教学过程中，教师的根本作用不是"告诉"和"教会"学生知识，而是"激发"学生的学习潜能，"激励"学生的学习热情，"引领"他们提升合理思维、深入探究与有效合作等"会学"的综合能力，最终实现"建构知识、提升能力、启迪智慧"的价值追求。

思维教育是学生智学之道。在教育实践中，我们深深感到，一个学生要想取得优良的学习效果，单靠教师教得好、教得得法是不行的，他还必须学得好、学得得法。遗憾的是，在教育理论和教育实践中，长期以来，教学多研究教，少研究学。实践证明，忽视了学，教也就失去了针对性，减弱了其实效性。思维教育强调，思维是学习能力的关键和基础。基于思维教育，教师点悟学生从会答走向会问、从学会到会学、从死学到智学。

思维教育是教学提质之道。思维教育理念下的学校教学，理当高位构建益智课程，就要诗意追求灵性课堂。思维教育符合素质教育理念，推进核心素养落地，激活学生灵性生长。高位构建益智课程，从偏于科学的路径来说，益智器具游戏课程是一条可行之路；从偏于人文的路径来说，益智灯谜课程也相对简便易行。益智器具充满思维，得思维者得天下；益智灯谜增知启智，趣学文史会思维。诗意追求灵性课堂，从"好玩"到"玩好"，继而"玩转"，再到"玩味"。

思维教育是课堂激活之道。一个真正充满生命力的智慧课堂应该是这样的：当学生精神不振时，教师能使他们振作起来；当学生过度兴奋时，教师能使他们归于平静；当学生毫无头绪时，教师能给予他们思维的启迪；当学生没有信心时，教师能唤起他们潜在的力量。数学益智器具能为学生营造本原、自然的冲动，引起好奇、兴趣、疑问、探索等求知的欲望，自觉地主动参与课堂学习活动，教师和学生一起"揭示数学的神奇，发现数学的完美，探索数学的应用，表达数学的精深"。

思维教育是学校入境之道。好学校是有境界的，思维教育应是一种符合人的成长规律的必然选择的教育，是一种可积极探寻的理想的教育。思维教育让学校步入减负之境，因为益智课程总体"轻负高质"；让学校步入灵性之境，因为益智课程"玩中学，趣中悟"；让学校步入特色之境，因为益智课程本身就是一个可以形成特色品牌的项目；让学校步入素养之境，因为益智器具激活思维，而思维素养是核心素养的核心。

五、新理念——思维是玩出来的

2019 年，在中国教育科学研究院主办的"全国益智课堂教学与学生思考力培养"观摩研讨会上，傅国亮先生做了《教学改革的核心是改变学生的思维方式》的讲座。他说，教学改革的核心是改变教师的教学方式，教师教学方式改变的核心是改变学生的学习方式，学生学习方式改变的核心是改变学生的思维方式。

众所周知，"数学是思维的体操"，数学教育家都非常强调数学思维教育。《普通高中数学课程标准（2017 年版 2020 年修订）》中将数学核心素养定义为：数学学科核心素养是数学课程目标的集中体现，是具有数学基本特征思维品质、关键能力以及情感、态度与价值观的综合体现，是在数学学习和应用的过程中逐步形成和发展的。义务教育数学课程标准修订组组长史宁中教授认为，数学教育的终极目标，一是会用数学的眼光观察现实世界，二是会用数学的思维思考现实世界，三是会用数学的语言表达现实世界。

《义务教育数学课程标准（2022 年版）解读》的"绪论"中有这样一段话："在本次课程标准修订中，明确提出了使学生在义务教育阶段的数学学习中获得数学思想和数学活动经验。这是学生数学能力和素养的重要表现。……目的是通过数学的学习，学生不仅把数学作为一种技术和手段，更要让孩子学会思考，逐步具有抽象的能力和逻辑推理能力。"

人民教育出版社章建跃先生在《数学学习与智慧发展》的讲座中认为，数学通过其结构、方向、语言和形式，演化出千变万化、赏心悦目、震撼心灵的思维方法，特别强调"数学思维是人类智慧的最精彩绽放"。

黄逸文在《数学究竟能有多牛？》一文中说："很早以前，我们就被教育

'数学是思维的体操'。但是，对大脑是如何受益于这种体操的过程我们却知之甚少。人们常常把数学知识当作数学，这其实是一种深深的误解。学习数学，并不是以懂得多少数学定理为目标，更重要的是锻炼解决数学问题中所接触的思维方法。"

美国数学家马丁·加德纳认为："唤醒学生的最好办法是向他们提供有吸引力的数学游戏、智力题、魔术、笑话、悖论、打油诗或那些呆板的教师认为无意义而避开的其他东西。"事实上，有一些数学家开始对一些问题做研究时，总带着与小孩子玩新玩具一样的兴致，先是带有好奇心，在秘密被揭开后又会产生发现的喜悦。

的确，数学在形成人的理性思维、科学精神和促进个人智力发展的过程中发挥着独特的、不可替代的作用。

上面专家的观点，更加坚定了我坚持研发"新益智器具"的信念。

我认为，数学不仅是一门科学，也是一种真正的艺术和游戏。数学史上经常出现这种情况：思考一个像游戏似的有趣问题，往往会产生新的思维模式。有许多游戏的例子能够说明探索数学、游戏或智力问题所需要的思维过程的相似性。一本很好的数学游戏选集能使不同水平的学生从最佳的观察点面对每一个问题，这样的好处有很多：有益、直观、动力、兴趣、热情、乐趣……另外，数学与游戏的结构的相似性允许我们在开始进行游戏时，可以使用在数学情境中十分有用的同样的工具和同样的思维。

如何发展学生的数学思维？有多种路径，但我觉得，中小学生最宜在"玩中学，趣中悟"。苏霍姆林斯基说："儿童的智慧在他的手指尖上。"《优等生最爱做的1000个数学思维游戏》一书中的游戏就包括算术类、几何类、组合类、推理类、创造类、观察类、想象类等形式，能帮助游戏者提高观察力、判断力、推理力、想象力、创造力、分析力、计算力、反应力等多种思维能力。我们不难发现，现在的思维游戏几乎都是数学游戏，数学游戏能发展学生的思维。精彩纷呈的游戏，让学生在享受乐趣的同时，也让学生的思维高速运转起来，让学生越玩越聪明。

游戏是使思维变得灵活的一种方式。布鲁纳的一系列实验表明，在游戏中，儿童控制着自己的学习。游戏属于每个人，它更被孩子们偏爱，教师可以从游戏入手，让学生感受数学的魅力。

2002年，第24届国际数学家大会（ICM）在北京举行，著名数学家陈省身在大会活动之一的"走进美妙的数学花园"中国少年数学论坛的开幕式上题词：数学好玩。第二天，中科院院士、数学家田刚也送给青少年数学爱好者四个字：玩好数学。

从表面看，两位数学家似乎只是在玩文字游戏，实则不然。"数学好玩"，意味着学习者拥有一颗童心、一份纯真、一份坦诚，这份童心、纯真、坦诚使得学习者对数学的学习恢复到最单纯的目的——在玩中学习，在玩中陶冶性情，在玩中享受数学的乐趣。在玩中学习数学，就会发现数学不是枯燥无味的，而是有趣的；在玩中学习数学，学习者的心态是平和的，其不受外界名利的干扰与纷争，只有对数学的热爱与兴趣。玩是人类的天性，在玩中完成自己的工作和事业，可谓人生的最高境界。

享受数学的"好玩"，并非数学家的特权。当我们经过思考解开一道难题时，当我们用自己的眼睛发现证明或计算的错误时，那种豁然开朗、欣喜的感觉不正是对"数学好玩"的切身体会吗？即使我们从事的职业可能与数学不相关，但少年时期的数学训练会对学生的思维方法产生深刻影响，这种影响是伴随终生的。

与科学终身相伴的陈老用最简单的语言——"数学好玩"——向少年学子介绍了数学这门最复杂、应用最广泛的学科，这是一种欣赏，而在欣赏、琢磨的过程中，陈老又为理论物理做出巨大贡献，这恐怕是他"玩"之前所始料不及的吧。

但我们不能只停留在"数学好玩"或"不好玩"的层次上，更重要的是要"玩好数学"。但"玩好数学"不易，会经历失败、挫折。所以在追求数学的真与美的过程中，需要耐得住寂寞，需要付出超常的毅力。只有真正"玩好数学"的人，才会最终体会到"数学好玩"。

在"数学好玩"方面，数学老师做得好吗？

我通过对中小学生的调查，对于"数学好玩吗"这个问题，得到的回答大多数是"数学不好玩"。在社交活动时，许多人听说我是数学教师后，脱口而出"我最怕数学"。但在我带他们玩了几个动手操作的数学游戏后，他们兴趣盎然，乐此不疲，纷纷对我说："我们当年要是有你这样的数学老师就好了，就不会怕数学了。"我并不是想说我有多厉害，其实我就是先从"数学好玩"入手，激发他们对数学学习的兴趣而已。这就告诉我们，在"数学好玩"方面，我们老师还有很大的提升空间。

张景中院士主编的"好玩的数学"丛书为数学教师做了榜样——数学院士们不仅能写深奥的数学，也能写"好玩的数学"。这就很好地提醒教师，如果你不知好玩的东西在哪里，又拿什么让学生"好玩"呢？

在"玩好数学"方面，数学老师做得好吗？我们不仅要会玩动手操作的数学游戏，更要悟出和解释游戏背后的数学思想和数学意蕴。

当数学教师并不容易，"数学好玩"要求数学教师要"深入浅出"，而"玩好数学"又要求数学教师"浅入深出"。从"数学好玩"到"玩好数学"，需要数学教师坚持研修，把握好数学的横向联系和纵向深入，把握好数学的趣味性和拓展性，结合学生实际，将数学的"好玩"和"玩好"像知时节的"好雨"适时润入学生的心田。

"好玩"是不易的！中小学的课可以上得很有趣，可以很"好玩"，但现今的课能够达到充分"引趣"境界的还不多。"引趣"要有智慧和艺术，"引趣"贵在用心挖掘，贵在浑然天成。当然，我们绝不能"为引趣而引趣"。

"玩好"也是不容易的！"引深"，是一种探索问题的方法，也是一种值得提倡的学习方法。在课改的背景下，"引深"之路怎么走？我以为，合作学习、自主学习、探究学习都可以和"引深"相关联。教师要善于引导，让自己所教的班级具有"引深文化"，也就是要有"玩好的意识"。

值得注意的是，"好玩"是要让所有学生都能感受到的，但"玩好"不能要求所有学生一定都达到，这里有一个"度"的把握。"好玩"是一种境界，"玩好"是略高一层的境界，而在"好玩"与"玩好"之间把握好"度"就是一种理想的状态，需要教师灵活运用"引趣"和"引深"。

每位教师都要自己先会玩，感受"好玩"，再学会"玩好"，然后努力

"玩转"，最后修炼"玩味"。教一届学生，至少玩100个课例，你的教育就有点意境了。

思维是可以玩出来的！"数学玩育"，总体上是玩思维的教育。由动感、激情走向理性和自觉，走向"玩育"背后的思维，是"数学玩育"活动持续发展的基本路径。

没有最好的"数学玩育"活动，只有更好的"数学玩育"活动。"数学玩育"，永远在心中，永远在前方，永远在路上。路已找到，就不怕它遥远。

第四章
"数学玩育"的价值

"玩"的价值是无限的,我们现在并没有充分发掘出来。

克鲁普斯卡娅曾说:"对孩子来说,游戏是学习,游戏是劳动,游戏是重要的教育方式。"剑桥大学教授戴维·怀特布雷德说:"除语言、文化和技术,丰富多彩的玩耍是人类最伟大的成就之一。"

我们还可以从《游戏力》一书所提供的"全球玩耍峰会"各地最优秀的教育思想家对"玩耍"的建议中,得到关于"玩育"的价值的论述。

一、玩之育

"玩"能达成什么样的"育"?在我看来,应有爱育,爱学生可以从"玩"开始;有培育,在玩中培养学生的能力,给学生赋能;有涵育,涵养探索精神和化育审美情操;有教育,教学生学,教学生思,教学生研,教学生悟。

1. 玩有爱育

一位芬兰的母亲这样说:"在这里,如果你不经常让孩子到外面玩,你就不是人们眼中的好父母。"好父母之爱,体现在"让孩子玩"。美国发展心理学家彼得·格雷说:"如果我们爱孩子,希望他们茁壮成长,就必须给他们更多而不是更少的时间和机会去玩耍。"

玩，是人类不可分割的一部分；玩，是每个孩子的权利；玩，对孩子的幸福感、身心健康、自尊心、社会适应、同理心和学习进步有着至关重要的作用。

我国学前教育专家虞永平说："只有真正站在儿童立场上，才能真正体味这种游戏的意义。"儿童立场是教育的基本立场，喜爱游戏是童心的一种表现，保护儿童立场，"让孩子们玩起来"，就是对孩子更高层次的爱。

尊重儿童权利，把握好儿童立场。如果教师认识到孩子"享有玩耍、休闲和娱乐的权利"，就会还孩子一个真正具有童真、童趣的"玩的世界"。

五联蜂窝

游戏器具：准备 7 块正六边形木块。

游戏玩法：除去旋转、反射导致产生相同的情况，我们用 2 块正六边形木块能得到一种拼块，用 3 块正六边形木块能得到三种拼块（见下图）。所谓"拼块"，就是两个正六边形至少有一条边重合。请问：用 4 块、5 块正六边形木块，能得到几种拼块？

游戏目的：感受旋转、反射，培养学生的分类能力、观察能力和思维能力。

游戏解答：对于四联蜂窝，共有 7 种拼块（见下图）。

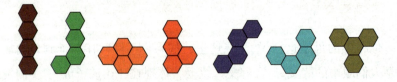

对于五联蜂窝，共有 22 种拼块（见下页图）。

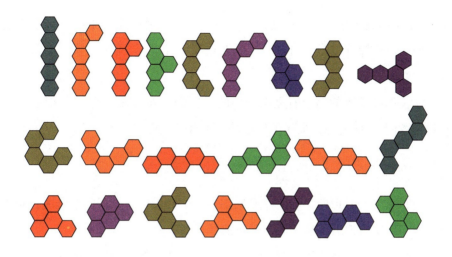

在玩上面这个游戏之前,我曾经和一个幼儿园的小朋友玩过数字问题。我说:"玩数字,要从1、2、3玩到4、5、6、⋯、n,n可以是100,可以是1000,可以是任意一个正整数,玩到n,n就是这个问题的'尽头'。"我原本想说"n是这个问题的'诗和远方'",但担心小朋友不能理解"诗和远方"的意思,就改为了"尽头"。

后来和中班的小朋友们玩上面的"蜂窝"游戏,他们玩完"三联蜂窝"后,我说:"此时老师最希望听你们提出一个问题来,谁来说?"没想到好几个小朋友说:"老师,你是想让我们问'4个呢'吧?"我激动地说:"对对对,你们想玩4个的吗?"

小朋友们当然想玩,于是我们玩了"四联蜂窝",大家齐心协力玩出了7种拼块。他们又问:"5个呢?"我说:"5个的拼块很多,你们长大一点再来拼吧。"没想到我的一句"长大一点再来拼"被他们牢牢记住了,他们读大班时找我玩"五联蜂窝"游戏。玩了半个下午,经过反复"攻关",他们终于不重复、不遗漏地玩出了22种拼块。

说实话,如果让我来拼"五联蜂窝",也不见得能拼出22种。我和小朋友们玩这个游戏的"智力水平"大致是一样的。我们就这样开心地玩,创新地玩,发现"重复"时就一声叹息,然后拿掉,发现"与众不同"时就欢呼雀跃地鼓掌。小朋友们后来还想玩"六联蜂窝""n联蜂窝",我激动地说:

"啊！今天你们玩累了，以后我们来'研究'。"我刻意说"研究"，就是想告诉他们"玩到深处就是'研究'"。其实在他们说出玩"n联蜂窝"时就已经有点"意思"了。

家长们在回程的路上看见孩子们的幸福感、兴奋感、满足感和新奇感，给我发微信："任老师，辛苦了！这是一个有爱、有趣的下午。"

2. 玩有培育

教育学者、心理学家和医疗专家都有一个共识：对孩子的健康成长和学习来说，不论是智力还是体力，玩耍都是至关重要的。

就智力而言，我想说："玩出学习力。"当然，教师指导下的玩耍，不是漫无目的、随意地浪费时间的玩耍，而是"自然而自觉"地从自由地"尽兴之玩"走向"为思维而玩"。

就体力而言，这里的玩耍是广义上的，既包括户外玩耍——成就体力的发育，也包括数学趣玩——成就脑力的发育。

从培育的角度看，学生在玩耍中，无形中培养了观察力、创新力、注意力、适应力、表现力、合作力、移情力、想象力、思维力、执行力和操作力，这些都是学习力的重要内容。学生在玩耍时，他们天生的好奇心、好胜心被再次激活，他们的自信心、进取心也许就"玩出来了"。

正如《为孩子重塑教育：更有可能成功的路》一书作者所言："游戏可以增强孩子的自信心、想象力和协作能力，使他们逐步掌握未来生活所需的复合型个人素养和社会技能。"

简单的难题——"算24点"

"算24点"游戏规则：一副牌去掉大小王，随机选4张牌（称为一个牌组），用加减乘除四种运算，把它们的牌点（A、J、Q、K分别看作1、11、12、13，其余牌点和牌面一致）算成24，每张牌只能用一次。比如4张牌分别为A、2、3、4，那么算式为（A+2+3）×4=24 或 A×2×3×4=24。

初学者也可使用4种花色A—9或者A—10共计36或40张牌进行"算24点"。"算24点"可以一人、两人、三人或更多的人参加。

若两人玩，每人均分26张牌，然后各亮出2张牌开始抢算。先算出24点者，拍一下桌子，然后讲出自己的算式。如正确，则桌面上的4张牌由对方"吃进"；如算错，则自己"吃进"。如双方都未算出，则各收回2张牌或搁置一旁，由下一次未算出或算错者连带"吃进"。最后以手中牌少的一方为胜。

选择"24"这个数是有道理的。因为1—29中，唯独24有1、2、3、4、6、8、12、24共计8个约数，这样就使得4张牌的点数变成24的可能性要大一些。

我玩"算24点"算是"老牌"玩家了。在家时，我最早是和二弟玩，后来随着妹妹和四弟长大，也逐渐加入进来。"算24点"游戏可以说启蒙了我们对数学的热爱，开发了我们的智力，增进了兄妹之间的亲情。

上学后，我就和同学玩，那时能玩的游戏不多，"算24点"游戏给我们的童年带来了无限的乐趣，尤其是当我先想到算法，而其他人还在苦思冥想时，我更是乐不可支！

当老师后，我几乎在和学生的所有的外出活动中，都会带上几副扑克牌，和学生"开战"。经常是我一人对战学生三人，甚至一人对战班级所有学生。在和学生的所有"交战史"中，我至今没有失败过。我的"学识魅力"也给学生留下了深刻印象。有一位学生还在一篇文章中说他对数学的兴趣就是从对牌组（3，8，3，8）算法开始的。他对这组牌百思不得其解，在我说"肯定有解"后，他回家和父母一起想了两天两夜，仍不得其解，随求我给解。当我写出"$8÷(3-8÷3)=24$"时，他目瞪口呆，从此迷上了数学，最终还考入清华大学。

"算24点"的故事还有很多，这里只说两个。

故事一：

黄总夫妇都是博士，也是厦门一中的校友。他们的女儿在厦门一中读初一，一天夜里12点左右，我接到黄总的电话："你们一中给初一出的数学题太难了，小孩做到现在还做不出，咋办？"我问："什么题？"他说："（1，5，5，5），'算24点'，孩子做不出来不睡觉，我和她妈妈也做不出来。真不好意思，这么晚还打扰你。"黄总知我是"夜猫子"，虚说"不好意思"，实则是要我给解答。为了让孩子早点睡觉，也为了体现我的"灵敏"，我立刻与黄总对话起来：

"1除以5等于多少？"

"0.2。"

"5减0.2等于多少？"

"4.8。"

"5乘4.8等于多少？"

"24，哈哈哈。"

我"顺便"又给黄总出了一道题：（1，3，4，6），"算24点"。然后让他今晚千万别让孩子做这道题。

事后我了解到厦门一中老师出的（1，5，5，5）"算24点"其实是一道选做题。我还得知，黄总第二天上班后给设计院（黄总为厦门某设计院负责人）的同事说了（1，3，4，6）"算24点"之事。那天上午全院竟然没一人做出来，并说："题目肯定出错了，我们不是算到23就是算到25，就是算不到24。"

中午12点，黄总又忍不住打来电话，问："题目是不是出错了？"我故意说："好像有点问题。"黄总松了一口气说："我说嘛，咱们设计院也不至于那么'烂'。"我请黄总拿出笔和纸，说："先划一条分数线，分子写6，分母写上1-3÷4，算算看。"黄总一算，24，尴尬地笑了起来："昨晚没想到小数，今天没想到分数。任校长，真有你的！什么时候来我们设计院，给我们也讲讲数学游戏和数学文化吧。"

故事二：

一次和阿武等六人去郊外打篮球，在去的路上，我随口说了一句："有些数学题，小学生能做，大学生不一定会做。"阿武不信。阿武的数学在学生时期学得还不错，就让我出题。

我给出"算题"：（2，2，J，J），"算24点"。

阿武一言不发，埋头算题，到了球场，还是没算出。阿武说今天他不打了，一定要算出才打，否则他即使上场也打不好。我们其余五人那天打满了全场，体力透支，以2分之差惜败。

回来的路上，我激阿武，说："你白来一趟，球没打成，题没算出，我们还输球。"阿武说："回去的路上我一定能算出，否则我请客。"

车离市中心越来越近，阿武也越来越急，越急就越算不出。到了市中心，阿武还是没算出。没办法，当晚阿武只得请客。

那顿饭吃得真香啊！"简单的难题"使我们另有所获。

饭后我要说答案，阿武不同意，说他还要再想下去，直到想出为止。我笑着道了一句："不许上网查！"

我在出差途中，也经常和老师们玩扑克游戏，玩的过程中，不时穿插着玩"算24点"。数学中的许多思想方法，都可以在"算24点"中找到例子。比如，数学建模思维，学生看到数组（A，8，Q，Q），几条路径未果时，可以先抓住一个Q，然后再设法"构造"出一个2或$\frac{1}{2}$，（A，8，Q）"构造"不出2，但$12÷8-1=\frac{1}{2}$，成功了！$12÷(12÷8-1)=24$，不仅培养了建模思维，创新思维也练了一回。数学教师应成为玩"算24点"的高手。下面是一些略有挑战的"算24点"题，老师们可以看看自己在30分钟内能算出几题。

（1）（4，10，10，J） （2）（6，9，9，10）

（3）（5，7，7，J） （4）（3，7，9，K）

（5）（2，4，7，Q） （6）（4，5，7，K）

（7）（4，8，8，J） （8）（3，5，7，J）

（9）（3，6，6，J） （10）（6，Q，Q，K）

（11）（4，8，8，K） （12）（3，6，6，K）

（13）（6，J，Q，Q） （14）（5，9，10，J）

（15）（7，7，Q，K） （16）（2，3，K，K）

(17)(2, 5, 5, 10) (18)(7, 8, 8, K)
(19)(7, 9, 10, J) (20)(2, 7, 7, 10)
(21)(A, 5, J, J) (22)(5, 10, 10, J)
(23)(A, 7, K, K) (24)(2, 4, 10, 10)
(25)(2, 7, 8, 9) (26)(3, 5, 7, K)
(27)(2, 2, 10, J) (28)(2, 2, J, J)
(29)(4, 4, 10, 10) (30)(2, 3, 5, Q)

答案：

(1) $4 \times 11 - 10 - 10 = 24$

(2) $9 \times 10 \div 6 + 9 = 24$

(3) $7 \times (5 - 11 \div 7) = 24$

(4) $7 \times 9 - 3 \times 13 = 24$

(5) $12 \div (4 - 7 \div 2) = 24$

(6) $(7 \times 13 + 5) \div 4 = 24$

(7) $(8 \times 11 + 8) \div 4 = 24$

(8) $(7 \times 11 - 5) \div 3 = 24$

(9) $(6 \times 11 + 6) \div 3 = 24$

(10) $(12 \times 13 - 12) \div 6 = 24$

(11) $(8 \times 13 - 8) \div 4 = 24$

(12) $(6 \times 13 - 6) \div 3 = 24$

(13) $(11 \times 12 + 12) \div 6 = 24$

(14) $5 \times 9 - 10 - 11 = 24$

(15) $7 \times 7 - 12 - 13 = 24$

(16) $3 \times 13 - 2 - 13 = 24$

(17) $5 \times (5 - 2 \div 10) = 24$

(18) $8 \times (8 + 13) \div 7 = 24$

(19) $(10 - 7) \times 11 - 9 = 24$

(20) $7 \times (2 + 10 \div 7) = 24$

(21) $(11 \times 11 - 1) \div 5 = 24$

(22) $(10 \times 11 + 10) \div 5 = 24$

(23) $(13 \times 13 - 1) \div 7 = 24$

(24) $10 \times (2 + 4 \div 10) = 24$

(25) $2 \times (7 + 9) - 8 = 24$

(26) $(5 \times 13 + 7) \div 3 = 24$

(27) $2 \times (2 \times 11 - 10) = 24$

(28) $11 \times (2 + 2 \div 11) = 24$

(29) $(10 \times 10 - 4) \div 4 = 24$

(30) $12 \div (3 - 5 \div 2) = 24$

3. 玩有涵育

涵育，就是涵养化育。玩一些益智游戏，具体涵养了什么，化育了什么，我们可能很难说清楚，但至少涵养了探索精神，比如持续研究一类游戏，提升游戏挑战的难度，学生能体验到智慧之玩的成功之道等；至少化育了数学文化，比如数学的思想、方法、观点、语言及它们的形成和发展过程，数学家的故事，数学史，数学美，数学教育，数学与社会的联系等。

数学理应成为令人沉迷的游戏，但当下的数学教育似乎严肃有余，趣味不足，数学课缺少了欢乐、激情和奇趣，学生都在忙着刷题，何来游戏？

历史上，许多数学家从小就是某些智力游戏的高手，他们往往是一些数学小趣题的探索者。探索中，他们经常会发现全新的、惊人的、复杂的数学问题，也会感受到数学的历史文化、名人轶事和数学的美。有人从日常生活小趣题开始了"大问题"的研究，如斐波那契的"兔生小兔"问题等；有人在数学家故事的基础上提出了新的猜想，如费尔马在阅读古希腊数学丢番图的故事后，提出了费尔马猜想，此猜想历经300多年，最后在1993年被数学家怀尔斯证明。

可见，游戏与数学密不可分，玩耍与成长息息相关。

四色隔板

游戏器具：红、黄、蓝、紫的多米诺骨牌各2块（如下图），共8块。没有多米诺骨牌的可以用纸板或木板代替。

游戏玩法：8块骨牌排成一行，使得两块红色骨牌之间有1块骨牌，两块黄色骨牌之间有2块骨牌，两块蓝色骨牌之间有3块骨牌，两块紫色骨牌之间有4块骨牌。

游戏目的：学会基本推理，训练学生的逼近思想。

游戏解答：设红$=1$，黄$=2$，蓝$=3$，紫$=4$。原来的问题就转化为：给11223344做排列，使得两个n之间隔n个数（$n=1, 2, 3, 4$）。

答案：排列方式，41312432，将数字还原成所对应的颜色即可。

游戏拓展： 课后可研究"七色隔板"的问题：红、橙、黄、绿、青、蓝、紫的多米诺骨牌各2块，共14块。把这14块骨牌排成一行，使得两块红色骨牌之间有1块骨牌，两块橙色骨牌之间有2块骨牌，两块黄色骨牌之间有3块骨牌，两块绿色骨牌之间有4块骨牌，两块青色骨牌之间有5块骨牌，两块蓝色骨牌之间有6块骨牌，两块紫色骨牌之间有7块骨牌。

设红=1，橙=2，黄=3，绿=4，蓝=5，靛=6，紫=7。原来的问题就转化为：给11223344556677做排列，使得两个 n 之间隔 n 个数（$n=1$，2，3，4，5，6，7）。

答案：排列方式，74151643752362，将数字还原成所对应的颜色即可。

苏格兰数学家C.杜德利·朗福在观察他的儿子玩这个游戏后，萌生探究这个问题的一般情况的想法。于是他经过一段时间的研究，得出：当 $n=4k$ 或 $n=4k-1$（k 为自然数）时，问题有解。

对于上述游戏，从"四色"到"七色"，就是一种探索；发现"五色"玩不出来，也是一种探索；提出 $4n-1$ 和 $4n$ "可行"，就是一个猜想，但要证明它，并不是一件容易的事。如果学生玩完这个游戏，能提出这个猜想，就很了不起。爱因斯坦曾说："提出一个问题往往比解决一个问题更为重要。"

我们通过和学生玩这个游戏，不仅让学生悟出数学之用，也让学生了解了一个数学家的小故事，感受到数学家所具备的"眼光"。还可以启发学生开动脑筋，利用这个小游戏设计一个"舞蹈"：8个女生，穿着四色裙子翩翩起舞，用肢体语言演绎这个数学游戏。如果觉得这个场面不够大，还可以舞出"七色"的，甚至更多色，这样，数学思维就会贯穿整个舞蹈，这何尝不是一种跨学科尝试呢？

4. 玩有教育

游戏是儿童的主导活动，它能培养儿童高尚的情操，引导儿童客观认识世界，促进儿童身心发展，是对儿童进行全面教育的有力手段。

堪萨斯大学教育学院基金会特聘教授、澳大利亚维多利亚大学米切尔健康与教育政策研究所教授、英国巴斯大学全球主席赵勇曾说："我们必须认识到玩耍在教育中的价值。"玩的教育价值，我在前面已论述了一部分，但还有许多可以再挖掘的内容，如为人处事、游戏规则、团队精神、包容心、挫折、永不言败、积极进取、美德等。

章建跃博士在为《数学的力量》一书所写的"推荐序"中说道："本书作者弗朗西斯·苏……在演讲中将数学描述成通往人类繁荣的大道，认为对数学的探寻能满足人类的五种基本需求：游戏、美、真理、公正和爱。"是啊，人们在"玩着游戏"中走向了"人类繁荣的大道"。"数学游戏的适切练习培养了美德，使我们有能力在生活的每一个领域不断成长。……游戏是我们作为人类的一种本质需求，对数学游戏的渴望会吸引人们去研究并享受数学，在研究和享受数学的过程中使希望、好奇心、专注力、自信、耐心、毅力和开放的态度等美德得到培养。"章建跃博士感慨："弗朗西斯的这些观点醍醐灌顶，极具启发性，使我们清晰地看到当下流行的'刷题教学'是如何扼杀学生的天性、伤害学生对数学研究的渴望，又是如何背离数学育人的本来目标。"

小球与酒杯

我多次听一道经典的"蛋碰杯底"问题的教学。绝大多数数学老师是在黑板上先画一个抛物线，然后在抛物线内画一个圆，问：在什么情况下圆的"底部"能碰到抛物线的"底部"？

教师引导学生建立直角坐标系，联立方程 $\begin{cases} x^2+(y-r)^2=r^2 \\ x^2=2py \end{cases}$，研究圆与抛物线只有一个公共点且为抛物线的顶点时，须有 $0<r\leq p$。

老师讲完此题，便急匆匆地往下讲另一道题。

我当时在想：老师为什么不带些实物来呢？比如，一个透明酒杯、一个乒乓球、一个玻璃球、一个小钢珠。有了这些实物，一场生动的演示呈现了，生活中的数学呈现了，有用的数学呈现了。即使没带实物，也至少可以画一个立体图（如下图），多少直观一些！

可是在我听过的所有讲这个问题的数学老师的课堂上，我没看到带实物的，也没看到画立体图的，甚至有几个老师连"球碰杯底"或"蛋碰杯底"这样的话都没说，师生都在研究"纯数学"。

离生活这么近的数学，就这样"远离"了。

我的另一个想法是：老师啊，你为什么要急匆匆地往下讲那些"无关联"的题呢？精彩就在眼前！

你可以这样说，这酒杯是"魔幻酒杯"，现在变成双曲线形啦，会有怎样的结论呢？变成椭圆形呢？再进一步引导学生想象酒杯的变化：球形的，圆柱形的，圆台形的，圆锥形的（也可以说 Y 字形）……

我曾经也上过这节课，下面是我的教学片段：

此时大家的思维已经收不住了，有人说："'魔幻酒杯'变为 Y 型酒杯啦！"学生回答："永远碰不到。"

我故意问："Y 的开口再大些，行吗？"学生回答："再大也碰不到！"

"什么时候才能碰到呢？"我佯装不知，继续追问。

现场顿时安静下来。这时一位之前没怎么发言的女生站了起来，腼腆地说："Y 型酒杯变为 T 型酒杯，就能永远碰到！"

现场气氛又活跃起来了，大家都在想象那个 T 型酒杯。

二、玩中育

"玩"能"育"出什么？在我看来，玩能育趣，学生玩起游戏，兴趣盎然；玩能育智，会玩的学生都很聪明；玩能育才，学生在玩中探索，在玩中研究，为成才积蓄思维的力量；玩能育人，"玩意味着生命的全然"，玩是学生自然而灵性生长的必然过程。

1. 玩中育趣

游戏或者玩耍，总是与趣味联系在一起，这一点我们可以从《游戏遇见数学——趣味与理性的微妙关系》的书名中感受到。其实，不论是书名还是论文名，一说到"数学游戏"或"数学玩耍"，总会带出"趣味"。比如，《迷人的数学：315个烧脑游戏玩通数学史》《数之乐：玩着游戏学数学》《爱上数学：在游戏中与数学相遇》等。

事实上，每个人都拥有玩游戏的能力，每个人都喜欢游戏带来的快乐，每个人都可以在数学游戏中给自己留下一段有意义的经历。正如柏拉图在《理想国》里说的："我的朋友，请不要强迫孩子们学习，要用做游戏的方法。你可以在游戏中更好地了解到他们每个人的天性。"弗兰西斯认为，游戏已经深深地刻在了人类的基因里，那种对游戏的本能渴求一定可以吸引人们去探索数学、享受数学。欧阳绛所编者的《数学游戏》一书的封面上，有这样一段文字："数学枯燥，游戏有趣，数学游戏化枯燥为有趣，在有趣中锻炼大脑。"

耕耘于数学游戏园地，其乐无穷！

莫比乌斯带

找一些纸带，准备胶水一瓶、剪刀一把，按下面操作进行：

（1）做一个莫比乌斯带——把纸条转180°，再用胶水粘起来。用剪刀沿纸带的中央把它剪开，你会发现什么？

（2）再做一个莫比乌斯带，从莫比乌斯带的三分之一处剪开，会得到什么呢？

（3）做一个下图所示的圈环，上面粘贴一个莫比乌斯带，沿着图中的线剪开，会有什么情况？

剪完后，我们会发现：

（1）沿着纸带的中央剪开，纸带并不会被剪成两半，而是剪出一个两倍长的纸圈（如下图）。

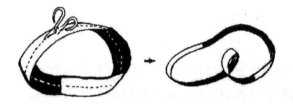

（2）沿着纸带的三分之一处剪开，是得到一个三倍长的圈，还是两个对称的圈？事实上，我们得到的是一大一小两个套起来的纸圈（如下图）。

（3）沿着图中的线剪，剪出一个正方形。我们没有剪直角的过程，怎么会剪出一个正方形呢？

莫比乌斯带还有很多令人惊奇的玩法，背后的数学有待玩者再深入研究，我们要做的是把学生的兴趣玩出来。

让学生玩出兴趣来，玩出笑声来，玩出惊喜来，"三来"助我上好数学课。

2. 玩中育智

说到游戏，我们经常会说"益智游戏"；说到玩耍，我们会说"智玩"。这都说明，游戏问题背景真实、设计巧妙、内容鲜活，对人的智力发展极为有利。

陈益在《游戏：放松而专注的智慧》一书中，专门有一章论述"游戏与潜能"，从多个角度研究游戏与潜能的关系，点明"游戏时人是一个整体的人，身心和谐，所以在游戏时我们的潜能喷涌"。《玩不够的数学：算术与几何的妙趣》的"序言"中有这样一段话："传说来自中国的七巧板能让四岁孩子爱不释手，魔方、垒砖块、切比萨、视觉编码、独特质数、蜥蜴数列……让人着迷，引发惊人的智力成就。"

"喷涌"也好，"成就"也罢，说明趣味数学对启迪智慧是显而易见的。我发表的第一篇论文就是《趣味数学与智力发展》（《数学教学》，1984年第3期），文中列举了玩几个趣味数学游戏，学生的观察、记忆、想象、思维得到充分发展。文中有这样一段话："天才的秘密就在于强烈的兴趣和爱好。而趣味数学正是促进学生的兴趣和爱好的重要方法之一。我们应当把培养学生的兴趣和爱好作为正在形成的某种智力的契机来培养。兴趣和爱好好像催化剂，它能不断地促进学生去实践，去探索，逐步引导他们酷爱数学，从而发展他们的智力，为将来钻研科学技术打下牢固的智慧基础。"

背后摸牌张张对

游戏器具：准备一副扑克牌。

游戏玩法：表演者把全副牌交给观众洗牌，拿回放在身后，说："我已摸出一张'黑桃A'。然后把全副牌拿出，所摸牌牌面朝向观众，观众看后说"是"。第二次再将牌放在身后摸，说这次摸出的是"方块5"，观众说"是"。这样连摸出许多张牌,甚至把全副牌摸完,张张都能摸对。

游戏目的: 培养学生的动手能力、记忆能力和想象能力,防止思维定式,体验益智小技巧之趣。

游戏解答: 当观众洗完牌后,表演者拿回牌时偷看一下底牌的面牌。假设面牌是"黑桃 A"。牌放在身后时,表演者把这张"黑桃 A"背对背放到牌背上(图 1),表演者装作摸牌猜想的样子。

牌拿出后,表演者把"黑桃 A"牌面朝向观众。因"黑桃 A"是已知牌,所以表演者能说出牌名(图 2)。这时其他的牌全部牌面朝向表演者,第二张面牌"方块 5"也就露在表演者的眼前,表演者就知道第二张摸出的是什么牌(图 3)。

表演者再将全牌放在身后,把"方块 5"(即刚看到的牌)转放到牌背,压在"黑桃 A"上,牌面向外。然后把全牌拿到身前,把"方块 5"面向观众,同时表演者就看牌面朝向自己的那张牌是什么,第三次就可说出牌名来。

如此循环,便可随意抽许多牌,一张也不会摸错。

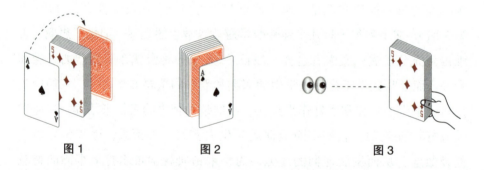

图 1　　　　　　图 2　　　　　　图 3

这是我和幼儿园大班小朋友玩的一个扑克游戏。绝大多数小朋友学会后都能和爸爸妈妈玩,都能"放倒"爸爸妈妈。玩的过程,从智力角度看,"偷看面牌""看眼前的牌"需要观察,"说出牌名"需要记忆,理解整个游戏的玩法特别是"身后的动作"需要想象,"观众上当了"就是陷入"思维定式"。我们凡事要防止思维定式。

对幼儿来说,玩个小游戏,玩出大智慧!

3. 玩中育才

《给孩子的数学实验室》一书在"前言"中写道:

读者可能会问:"这怎么是数学?"这听起来或许不像数学,用不到铅笔、记忆和计算器。但我们向你保证,你将遇到的数学更接近于数学家们实际上所做的。

数学家们在玩数学。他们提出有趣的问题并研究可能的解答。虽然可能出现很多死胡同,但数学家们知道失败也是一种学习。在这本书中,你有机会像数学家那样去思考,带着一个预设的想法去实验,看看能发现什么,琢磨一个问题,看看有什么结果发生,这个方法对数学家而言非常普遍但也非常有用。光看书你并不会得到什么,一定要去尝试书里的实验,任何实验都可以,看看实验揭示了什么,这是一种学习方法,不仅适用于数学,也适用于科学、工程、写作,甚至生活!

是的,玩数学游戏的过程,与数学家探索问题的过程高度一致。

《游戏遇见数学——趣味与理性的微妙关系》中也有类似的论述:"数学家是许多的数学小世界的探索者。探索者们常常会发现全新的、惊人的,甚至难以准确描述的事物和现象。"

玩游戏算是一种"体验"。说到"体验",华应龙说"体验后,便有了经验",刘加霞说"在'经历'中成长,在'体验'中发展",范存丽说"从体验到经验,助力抽象数学的学习",丁凤良说"让学生在玩中学,让学生在积极体验中学习知识、养成个性、培养能力"。说得都很好,我想补充一句:玩,是成长的基石,是成才的路径。

沙 漏 计 时

游戏器具:准备可计时 10 分钟的沙漏和可计时 7 分钟的沙漏各一个,如果没有真正的沙漏,可以找两个像瓶子之类的东西,想象成沙漏。

游戏玩法:(1)利用这两个沙漏,从现在开始计时,请报出18分钟;(2)如果有可计时7分钟的沙漏和可计时11分钟的沙漏各一个,能报出15分钟吗?(3)如果有可计时4分钟的沙漏和可计时7分钟的沙漏各一个,能报出9分钟吗?

游戏目的:培养学生的整体思维能力和想象能力。

游戏解答:

(1)第一步:两个沙漏同时漏;第二步:沙漏(7)漏完后,立刻倒过来继续漏;第三步:沙漏(10)漏完后,立即倒过来继续漏;第四步:当沙漏(7)漏完后,此时沙漏(10)已经漏下4分钟的沙,这时立即将沙漏(10)倒过来,沙漏(10)漏完后,就可以报出18分钟了。

(2)第一步:两个沙漏同时漏;第二步:沙漏(7)漏完后,立刻倒过来继续漏;第三步:当沙漏(11)漏完后,此时沙漏(7)已经漏下4分钟的沙,这时立即将沙漏(7)倒过来,沙漏(7)漏完后,就可以报出15分钟了。

(3)第一步:两个沙漏同时漏;第二步:沙漏(4)漏完后,立刻倒过来继续漏;第三步:沙漏(7)漏完后,立即倒过来继续漏;第四步:当沙漏(4)漏完后,此时沙漏(7)已经漏下1分钟的沙,这时立即将沙漏(7)倒过来,沙漏(7)漏完后,就可以报出9分钟了。

这个游戏适合哪个学段的学生玩呢?实践发现,三年级的学生就可以玩,但也发现,多数家长玩不出来。如果学生问"用两个沙漏究竟能报出哪些时间",那就有点"意思"了。如果学生再问"用三个沙漏呢",这基本上能把多数数学老师给"放倒"。

4. 玩中育人

游戏是儿童自由生命的基石,游戏是儿童的精神家园,游戏是儿童教育的智慧源泉。游戏并非儿童的"专利",而是人类的公共财富。游戏与人的成长息息相关。

此时,我又想起了陈益在《游戏:放松而专注的智慧》书中的一些话语:"游戏人生得大自在""是的,会玩的人更有创造性""用意深层的结构图,发现游戏的境界、健康的境界、创造的境界、潜能的境界、学习的境界是息息相关的,而成长的路是殊途同归"。对那句"业精于勤而荒于嬉"的古训,她想说:"小成成于勤,大成成于嬉";对那句"书山有路勤为径,学海无涯苦作舟"的古训,她想说:"书山有路任我行,学海无涯逍遥游"。精辟!

无独有偶,我读巢传友的《数学思维与兴趣拓展读本》一书的"序言",作者欣然吟诗一首:"书山有路勤为径,数海无涯乐作舟。不使韶光空过隙,弥坚矢志再耕耘。"很好!

若修改一字——"书山有路趣为径,数海无涯玩作舟",是否更好一些?

是到了摒弃"游戏无益"的旧观念的时候了。游戏不仅育智,更能育人,育"一代新人","大成成于嬉"!

纽扣问题

牛顿14岁时因家境贫寒而辍学。他到一家农场干活,每天的活很累,休息时工友们有的抽烟,有的睡觉,而牛顿却在思考他感兴趣的问题:

小时候他帮外祖母干活,手里拿着许多纽扣,有黑的,有白的,共计70颗。他把这些纽扣按下面的方式摆成一排:

○●○○○●○○○●○○○●……

但他不知道按这种方式摆下去,最后一颗纽扣为哪种颜色,也不知道一共需要多少颗白纽扣。

牛顿在农场重新回忆起这个他一直未解决的问题,想着想着,他突然眼前一亮——问题解决了。

依图中摆放的规律，纽扣可按○●○○——每4颗分为一组。由于70÷4=17……2，也就是说，最后一颗纽扣在第18组的第2个，是黑色纽扣。每组中的白纽扣有3颗，这样总共有白纽扣3×17+1=52颗。

数学游戏成千上万，我们不知道哪个游戏能够打开孩子的"天窗"，但只要我们持续地和孩子们玩，就能成就成千上万个孩子，这些孩子中也许就有那个"小牛顿"！

三、玩出来

我们和孩子们玩，要先从"趣玩"开始，有趣地"自由玩耍"，乐趣地"动脑筋玩"，有志趣地"深度玩耍"；玩而促思，且玩且思，玩出思维来；从最简单的游戏玩起，玩出一个数学脑，为数学素养奠基；为未知而玩，为探索而玩，为共情而玩，玩出综合能力，积蓄走向未来所需的能量。

1. 玩出志趣

趣味数学，贵在"趣味"。帕斯卡说："数学研究的对象是这样的严肃，最好不要失去能使它变得稍微有趣些的机会。"趣味数学正是把数学问题"变"得十分有趣，引为好奇，激发学生学习数学的兴趣。打开科学家传记，可以发现其中不少人的创造、成就往往和他们具有某方面的兴趣分不开。

兴趣发展一般要经历有趣到乐趣再到志趣。有趣是短暂的，带有盲目性、易变性和模仿性；乐趣具有专一性、自发性和坚持性；当乐趣与成长目标结合时，乐趣便发展为志趣。

数学无处不在，趣味处处皆有。数学家谷超豪说："人言数无味，我道味无穷。""味无穷"就是趣味无穷。数学教师就要怀揣激情，诗意行走在发掘数学趣味的大道上；数学教师就要常怀"趣味"之心，将"数学之趣"进行到底。

当"数学之玩"玩到乐趣时,这种"玩"往往是"共情"的。师生共情,一定能实现师生关系的融合,一定能产生师生情感的共鸣,一定能营造出学生健康成长的氛围。师与生,有太多的地方可以"共情",当数学思维被玩出来时,我们的数学教育就变得富有诗意了。

玩数学,玩到流连忘返,玩到如痴着醉,算是玩到"志趣"境界了;玩数学,能把一个浅显的问题深入地发掘、深度地探索,算是一种"志趣"的样态;玩数学,玩出新意,"成片开发"——玩一题,会一类,悟百题,更是一种"志趣"行动。

用砖叠"斜塔"

比萨斜塔为什么斜而不倒?你知道其中的道理吗?

物理学知识告诉我们:把一个平底的物体放在水平面上,只要重心不落在它的底面之外,就不会倒。更何况,比萨斜塔还有深埋于地下的塔基。

假如有一些砖,将砖一块一块地往上叠,叠成如下图所示的"斜塔"(图中为三层的情况),它能斜到什么程度?或者说,叠到最斜的程度,最上面一块砖的重心与最下面一块砖的重心的水平距离能有多远?

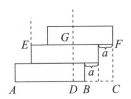

我曾经让学生用几十个长方体小木块模拟着叠一叠,看看有什么发现。下面是著名数学家张景中教授从理论的角度研究的过程。

假设这些砖是一模一样的长方体,其长度为1,重量均匀。我们像搭积木那样一块一块地搭"斜塔":每块砖都比下面的一块砖向外伸出长度为 a 的一小段(如上图),n 块砖就比第一块砖伸出 $(n-1)a$ 那么长。为了让"斜塔"不倒,上面第 $n-1$ 块砖的重心不能落在最下面那块砖之外,即 $DC > BC$(D、G 是第 $n-1$

块砖的重心线）。

因为 $DC = \frac{1}{2}EF = \frac{1}{2}[1+(n-2)a]$，$BC = (n-1)a$。

所以 $\frac{1}{2}[1+(n-2)a] > (n-1)a$。

解得 $na < 1$，故有 $a < \frac{1}{n}$，$(n-1)a < (n-1) \cdot \frac{1}{n} = \frac{n-1}{n}$。

这就是说，这样均匀伸出的叠法，最多只能使上层比底层多伸出 $\frac{n-1}{n}$ 砖长，即不到一砖之长。

如果允许每块砖伸出的长度各不相同，结论出人意料：只要砖足够多，伸出多远都是可能的！换句话说，只要砖足够多，我们可以叠一个要多斜就有多斜的"斜塔"！

这可能吗？

我们从最简单的情况开始。如果只有 2 块砖，显然最多只能伸出 $\frac{1}{2}$，即上面砖长的一半。但为了稳定，我们让它伸出得比 $\frac{1}{2}$ 略少一点。但这样将使计算变得复杂，所以我们可以先把塔建起来，然后再让每层都减少一点点伸出量，最后变得稳定。

如果是 3 块砖，可以把之前摆好的 2 块砖叠在第三块砖上，这时只能伸出上面 2 块砖长的一半，即 $\frac{1}{2}(1+\frac{1}{2}) = \frac{3}{4}$。此时，第二块砖可以比最下面的那块砖伸出 $\frac{1}{4}$ 长。依此类推，如果有 $n+1$ 块砖，用数学归纳法可以得到，第二块砖比最下面的那块砖伸出 $\frac{1}{2n}$ 长，于是，用 $n+1$ 块砖建塔，总的最大伸出量为

$$S_n = \frac{1}{2} + \frac{1}{4} + \frac{1}{6} + \cdots + \frac{1}{2n} = \frac{1}{2}(1 + \frac{1}{2} + \frac{1}{3} + \cdots + \frac{1}{n})$$

注意：$1 + \frac{1}{2} + \frac{1}{3} + \frac{1}{4} + \frac{1}{5} + \frac{1}{6} + \frac{1}{7} + \frac{1}{8} + \frac{1}{9} + \frac{1}{10} + \cdots + \frac{1}{16} + \cdots$

$= 1 + \frac{1}{2} + (\frac{1}{3} + \frac{1}{4}) + (\frac{1}{5} + \frac{1}{6} + \frac{1}{7} + \frac{1}{8}) + (\frac{1}{9} + \frac{1}{10} + \cdots + \frac{1}{16}) + \cdots$

$$> 1 + \frac{1}{2} + (\frac{1}{4} + \frac{1}{4}) + (\frac{1}{8} + \frac{1}{8} + \frac{1}{8} + \frac{1}{8}) + (\underbrace{\frac{1}{16} + \frac{1}{16} + \cdots + \frac{1}{16}}_{8个}) + \cdots$$

$$= 1 + \frac{1}{2} + \frac{1}{2} + \frac{1}{2} + \frac{1}{2} + \cdots$$

这就是说，当砖无限多时，$n+1$ 无限大，尽管 $\frac{1}{n}$ 无限小，但 S_n 随着 n 趋向于无限大，可以比任何固定的数都大。也就是说，只要砖足够多，我们可以搭一个要多斜就有多斜的"斜塔"！

用砖叠"斜塔"，引出了物理问题，引出了从简单问题入手，引出了动手尝试，引出了不等式的"放缩证明"。$1 + \frac{1}{2} + \frac{1}{3} + \cdots + \frac{1}{n}$ 这个"无穷级数"还把我们带入了高等数学领域。

2. 玩出思维

综合观察市面上的一些思维游戏类书籍可以发现，思维游戏几乎就是数学游戏，数学游戏发展学生思维。精彩纷呈的游戏，让学生在享受乐趣的同时，也让学生的思维高速运转起来，让学生越玩越聪明。所以，思维是玩出来的！思维是可以玩出来的！

三人猜牌

游戏器具：准备一副扑克牌，去掉大小王。

游戏玩法：老师给三个非常聪明的学生发牌，每人一张，并告诉他们三张牌的和是14。

甲马上说："我知道乙和丙的牌大小是不相等的！"

乙接着说："我早就知道我们的三张牌的大小都不相等了！"

丙听到后说："这下我知道我们每个人的牌是多大了！"

你知道这三张牌是什么牌？

游戏目的：学会奇偶分析，培养学生的逻辑推理能力。

游戏解答： 甲说："我知道乙和丙的牌大小是不相等的！"所以，甲的牌是奇数。只有这样才能确定乙、丙的牌的和是奇数，所以肯定不相等。

乙说："我早就知道我们的三张牌的大小都不相等了！"说明他的牌是大于 6 的奇数。因为只有这样才能确定甲的牌的奇数和他的不相等，而且一定比自己的小，否则和会超过 14。这样，丙的数字就只能是偶数了。

而丙说他知道每个人手上的数字，那他根据自己手上的数字知道甲和乙的数字和，又知道其中一个是大于 6 的奇数，且另一个也是奇数，可知这个和是唯一的，那就是 7+1=8。如果甲乙之和大于 8，比如是 10，此时就有两种情况 9+1 和 7+3，这样，丙就不可能知道前两个人手中的牌了。

因此，三个人手上的牌分别是 A、7、6。

严格地说，这个问题是一类涉及逻辑思维的奥数问题。老师给学生讲奥数题，多数学生一听就会"头大"，所以奥数类的数学题总体不太受学生喜欢。而当老师拿出扑克牌和学生玩，特别是找三个学生当助手，通过创设情境，逐步逼近，奇偶分析，合情推理，分类讨论，反面论证……充满创意的奥数类题目就在学生好胜心的驱使下被"玩出来了"。

3. 玩出素养

学习数学，我们要学习数学运算、数据分析，也要学习直观想象、数学抽象、逻辑推理、数学建模，这六项是高中数学核心素养的主要内容。义务教育阶段的数学核心素养被表述为"三会"：会用数学的眼光观察现实世界、会用数学的思维思考现实世界、会用数学的语言表达现实世界。由此可见"三会"离不开"现实世界"。与"刷数学题"相比，动手玩游戏，探索生活中的谜题，进行一项数学实验，算不算"触摸"现实世界呢？

爱因斯坦曾说："走出校门后，把学校里学的知识全部忘记，剩下的东西就是教育。"有专家补充说："其实，剩下的就是素养。"我的经历告诉我：玩过的游戏很难忘记，走向"玩味"之境的数学之"玩"，完全可以"玩出"素养。

玩过"算 24 点"的人，会玩出数学运算、数据分析；如果见到一个 8，会用其余三张来凑 3（或 $\frac{1}{3}$），这就玩出了数学建模。玩"T 恤反穿"拓扑游戏，会玩出直观想象，玩出数学抽象。玩扑克游戏"五打一"，每一个"打"的过程都要有逻辑推理在里面。

当我和孩子们玩十几个数学游戏，我就能看出这些孩子的"数学素养"，即哪些孩子推理能力弱，哪些孩子空间感差，哪些孩子思维单一等，这样就可以有针对性地通过"新的玩法"来弥补和强化。让孩子们继续玩，充满激情地玩，吸取教训地玩，动脑动手地玩，玩着玩着，数学核心素养就被全覆盖了。

知青点里的旧磅秤

我下乡的知青点——龙岩红坊农林场，仅有一台旧磅秤。没有秤砣时，这台磅秤可以称 100 斤以内的东西。它有一个可衡量重 200 斤东西的秤砣，但其他秤砣不知到被丢到哪里去了，所以这台磅秤很少被人使用，只有个别瘦小的女知青用来称体重，比如小梅。因为她娇小玲珑，也就 80 来斤，而绝大多数知青的体重都在 100 斤以上，想当然觉得不能用这台秤称体重。

有一回，公社武装部来林场征兵，应征者要在表格中填上体重。大多数知青说，几个秤砣丢了，体重秤不出来。当时知青点里埋头干活的人很多，爱动脑的人却不多。我说，让小梅来帮忙，就能称得出。就这样，小梅被"固定"，站在秤上，其他知青轮流上秤，称出两人的总体重，用总体重减去小梅的体重，就是那个知青的体重。看着小梅乐呵呵的样子，我心里却很不是滋味。

在称的过程中，有一个知青的体重有点偏轻，小梅和他的体重加起来也不到 200 斤，因此 200 斤的秤砣无法使用。见此情景，我在附近找了几个大石头放上去，直至秤杆能被提起，这样用总体重减去小梅的体重，再减去石头的重量，就是这个知青的体重了。后来我索性找了几个"标准"的石头放在秤边，标上 10 斤、20 斤、30 斤……这台秤被"救活"了。

有一次，我和西宝、东强三人吃午饭，提到称体重的事，他们说多亏我想到让小梅来"救场"的办法。我说："其实没有小梅，不用石头，我们三个人也可以用那台秤称出体重。"西宝和东强都不信，于是我们打赌，输者出晚饭钱。

我特地请小梅做证人,也想炫耀一下自己。

于是,我的"可能"开始了:我和西宝一起称出 236 斤重;又和东强一起称出 246 斤重;西宝和东强一起称出 242 斤重。这时,小梅似乎悟出了什么,但一时又想不起是怎么回事。

我在纸上这样写:勇+西=236,西+东=242,东+勇=246,三式相加再除以 2,得到:勇+东+西=362。用最后这个式子,分别减去前面的三个式子,得到:东=126,勇=120,西=116。

小梅叫了起来,向我投来钦佩的目光,说:"这是解三元一次方程组,初中学过!"西宝和东强也愣了,他们当时的表情我已记不太清,唯有小梅惊讶而钦佩的目光,至今还留在我的脑海里。

这个小故事算不算是我的"数学素养"的一次意外显现呢?小时候我玩过很多数学小游戏,有长辈教的、有老师教的、有同学之间互玩的,还有很多是从书上学来的。高中毕业后我下乡当知青,学校里学的知识也忘得差不多了,但将旧磅秤不用秤砣也能秤,把旧磅秤"救活",我认为体现了我"会用数学的思维思考现实世界",所以应该是我的一种"数学素养"。

4. 玩出未来

未来,包括学生走向未来的学习内容和走向未来所需的能力。今日之玩,可以为以后的学习在有意或无意间进行铺垫、适度体验和初步感受;今日之玩,更多的是为学生未来发展奠基,为未来储备科学素养、沟通能力、批判性思维、合作能力、创新能力、跨学科能力等。

有许多游戏的例子能够说明探索数学、游戏或智力问题时需要的思维过程是相似的。比如,第二章的"由上转下"游戏,玩耍时,我们会思考"增加一层"怎么玩出来,n 层呢?这与探索数学问题的"一般性"的思维过程是"高度一致的"。数学史上经常出现这种情况,思考一个像游戏似的有趣的问题,往往会产生新的思维模式。从这个角度说,数学之"玩"就像经历了数学家探索的过程,我们玩着玩着,也许就能"玩出"一个数学家。

做一个"玩味十足"的教师，引领学生为未来而玩，培育未来所需要的人才！

大胆猜想

游戏器具：准备一个圆台形的一次性纸质杯子。

游戏玩法：圆的周长 $C=2\pi r$ 和圆的面积 $S=\pi r^2$ 都是众所周知的计算公式。你知道椭圆的周长 $C_{椭}$ 和面积 $S_{椭}$ 的计算公式吗？

如下图所示，将纸质口杯用拇指和食指同时用力均匀地内压，杯口的形状将由原来的圆形变为椭圆形。根据用力大小的不同，可得一系列周长相同但离心率不同的椭圆。请根据上述现象，大胆推测椭圆的周长与面积的计算公式。

游戏目的：培养学生的直觉意识和猜想能力。

游戏解答：大胆的猜想是成功的一半。

设纸质口杯上口的半径为 r，则 $C_{圆}=2\pi r=\pi(r+r)$，又因为 $C_{椭}=C_{圆}$，推测 $C_{椭}=\pi(r+r)=\pi(a+b)$（a、b 为椭圆的长半轴和短半轴，当 a 与 b 相等时，椭圆即为圆）。

同理可推测 $S_{椭}=\pi ab$。

（证明过程略）

这个游戏至少可以让初中生玩，教师也可以引导小学高年级的学生提出猜想。猜想，是进行科学研究的一种广泛应用的思想方法。英国数学家休厄尔说："若无某种大胆放肆的猜测，一般是作不出知识的进展的。"学生有了猜想，就可能有证明或否定猜想的冲动，就会怀揣着梦想一路前行。

第五章
"数学玩育"的类型

"数学玩育"有多种类型,但多数与数学游戏活动有关。数学游戏活动的类型有操作型数学游戏、情节型数学游戏、竞赛型数学游戏、运动型数学游戏、运用各种感官的数学游戏和数学智力游戏等。这里主要讨论传统的数学益智游戏、新研发的动手玩的数学益智游戏、数学扑克游戏和趣味数学问题。其中,对新研发的动手玩的数学益智游戏会讨论得多一些。

一、传统的数学益智游戏

传统数学益智游戏,注重融合我国传统益智文化的宝贵遗产,也借鉴国内外游戏化智力开发的成果,深受师生的喜爱,给学校和教师许多创新的空间,让一批批参与数学益智活动的教师脱颖而出。传统数学益智游戏活动,一般需要配上相关的益智器具进行。为了便于总体理解和把握游戏内容,我按各类益智器具的结构特征和破解操作的特点,大致分为六大系列:巧解系列、巧拼系列、巧放系列、巧推系列、巧算系列、巧组系列。这样分类,有助于师生在整体上理解这些益智器具之间外部特征的异同和相互关联,帮助师生把握各类益智器具在游戏时的关注点和游戏成效。

1. 巧解系列

"解"即动手拆和解。"巧解"意味着这类难题的破解不仅需要手巧,更需要在看似无解或难解的情况下,循着益智器具给定的直观线索,开动脑筋,寻找窍门,巧妙地破解难题。

巧解系列在益智游戏中多属于绳类、环类器具,初阶模块主要涉及魔术针、结绳游戏、巧解M环、虫吃苹果、兄弟连、单槽立柱、双槽立柱、困鼠梯环、九连环等。这些器具以其巧妙的方式构成了一个个有趣的待解难题——问题情境。这些难题的破解,涉及复杂多样的心理过程,如直觉顿悟思维、整体观察、手—眼—心的灵巧配合与协调等。

以游戏化的方式开展相应的训练教学,可以对学生综合智力的提升产生积极的效果。

结绳游戏

游戏器具:准备两条绳子。

游戏玩法:将绳子做成"手铐"的样子,用"手铐"将两个学生交叉扣在一起(如下图)。"手铐"不打开,两个学生能分开吗?

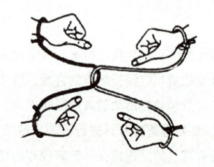

游戏目的:培养学生的数学兴趣、抽象能力和拓扑意识。

游戏解答:一只手上的"手铐"是一个"环",我们可以把交叉过来的"链条"从一方的一只手内侧穿过"环",再绕过这只手的手掌,顺势轻拉,两人就分开了。

2.巧拼系列

利用拼块的几何特征,将提供的木块或纸板,以二维平面组件的拼摆为主,拼出目标图案或想象图案。巧拼类益智游戏有双马双骑士、四巧板、七巧板、百鸟蛋、冲击三角洲等。

拼的过程中,学生的观察力、想象力、理解力得到提升,调整意识、合情推理、空间认知得到强化。这个过程也是激发兴趣、克服思维定式、体验图形变化的过程。有道是,爱"拼"才会赢。

双马双骑士

游戏器具:准备下图所示的三片小木片。

游戏玩法:请将这三块小木片拼成两位骑士分别骑着一匹马,即"双马双骑士"。

游戏目的:培养学生的动手能力、观察能力、试错能力,防止思维定式。

游戏解答:

3. 巧放系列

利用放块的几何特征，将提供的木块或纸板，放入特定盒盘。"盒"是三维空间，"盘"是二维平面。巧放类益智游戏有巧放正方形、巧放三角形、巧放圆形、巧放数字、巧放Z形、巧放四块、巧放八条、四T之谜等。

放的过程中，学生的观察力、想象力、判断力得到提升，试错能力、空间认知、整体意识得到强化。这个过程也是引发探索、合情推理、突破思维定式的过程。有的"放"矢，实属不易！

四T之谜

游戏器具：准备下图所示的器具。

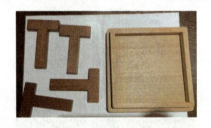

游戏玩法：把木盒外面的4个T型木条放进盒子里，并可以用盖子盖上。
游戏目的：培养学生的观察能力、分析能力、调整能力和对称意识。
游戏解答：

4. 巧组系列

利用组块的几何特征，用提供的木块或纸板，组成特定的对象（多为立体对象)。巧组类益智游戏有金字塔、竹节神球、鲁班锁、神龙摆尾、百变立方体、七巧块、龙生九子、十二巧块等。

组的过程中，学生的想象力、思维力、创新力得到提升，动手能力、关联匹配意识、逼近意识得到强化。这个过程也是启迪智慧、引发好奇、激发探求欲的过程。

相比"拼"和"放"，"组"的难度高！

七巧块

游戏器具：准备如下图所示的器具。

游戏玩法：将左图的七巧块拼成右图的样子。

游戏目的：培养学生的观察能力和平面空间观念，锻炼平移、旋转、调整的能力，体验数学探索之趣。

游戏解答：略。

巧拼、巧放、巧组三个系列器具的组件形态虽有些许差异，却有显著的共同特征——点、线、面、体等空间几何特性丰富多样，相互间的结构关联奇异复杂。其中，巧拼系列以二维平面组件的拼摆为主，巧放系列则增加了"放入特定盒盘"这一限定或约束条件，而巧组系列更多的是立体对象三维关系的嵌套和纠缠。

这类益智游戏，有助于学生空间认知能力、思维能力和想象能力的优化和提升，较之于对特性的描述、对规则的"说教"和对道理的分析往往很难奏效，这种能力可以通过多次、持续、充分的对象化操作实践，在体验、领会、悟解中逐渐磨砺和升华。这就要求教师在使用巧拼、巧放、巧组系列器具进行训练教学时，应注意器具的差异，不仅要注重解决器具难题的"单次瞬间领悟"，也要注重活动的多样变式、分层拓展、熟练操作和感性经验的充分积累。

5. 巧推系列

相比巧拼、巧放、巧组系列器具，这类器具的几何特性和形态特征虽各有不同，却大多无关紧要。巧推益智游戏有汉诺塔、华容道、智取王位、独立钻石棋、黑白棋、四色对板、骰子立方体、顾全大局、魔方、数独、飞叠杯等。

这类器具难题的解决，更依赖于有根据的准确预判和逻辑推演、情境变化时应对策略的明智选择、"走一步，看几步"的全局谋划等。因而，这个系列以"巧推"命名，意在突出它们的显著特点——长于逻辑推理、策略选择和统筹规划能力的训练。

例如，破解这类器具难题，经常会遇到策略选择的问题。解决的办法，就是采取各种手段，一步一步地缩短初始状态与目标状态之间的距离。这一不断前行的过程，包含许多"节点"，每个"节点"处都会遇到选择哪种走法的问题。这必然要求学生对不同走法的"前景"进行预判和评估，并据此尝试选择前行的走法和路径。假如此路、此法"行不通"，就要返回到"节点"另谋出路。这种选择某种走法并据此检验其结果或途径的方法，就是解决问题时所用的"策略"。

若按破解过程的不同思维路径划分，有正向分析策略，即沿着"从手段到目的"的正向路径进行思考；有反向分析策略，即"从目的到手段"进行逆向思考；有从正向与逆向两个方向"逐步逼近"，最终"合成"的策略；有类比迁移策略，即把先前的破解经验应用于新的问题情境中。

若按可选方案的穷尽程度进行划分，有算法策略，即把可能的解决方案穷尽，再逐一尝试，最后找出一个最佳方案。这样的决策过程虽然稳妥，却烦琐，速度慢。也有不烦琐、速度快的启发策略，即根据已有的经验，凭直觉选择一个最佳方案。

掌握诸如此类的策略及其衍生的具体技法，最好的方式同样不是"宣讲"与背诵规则，而是在解决一个个特定问题的实践中，探索体悟、反复磨砺、提炼升华。实操对弈、选拔快棋手、口述推演对弈、事后复盘、心理构想预判、实操反馈检验等活动形式，是促使学生思维由外部实物操作向内部心理操作过渡转换的有效办法。

汉诺塔

游戏器具：准备汉诺塔器具一套（如下图）。

游戏玩法：把 8 个圆片从一根柱子移到另一根柱子上，每次只能移动一个圆盘，且小圆盘不能放在大圆盘下。请用最少的次数完成。

游戏目的：培养学生的观察能力、动手能力、化归能力和分析能力。

游戏解答：略。

6. 巧算系列

巧算系列包括的益智游戏不多，有智慧翻板、九宫图、十六宫格等。这类器具总体设计的着眼点不在计算技能，而在思维训练，而且，每款器具的结构特性也无法胜任数学教具的功能使命。"巧算"中的"算"只是问题解决的一种类型、一个构成要素或一个背景性成分，"巧解"才是这类器具用于游戏的重点。

十六宫格

游戏器具：准备下页图所示的十六宫格器具。

游戏玩法：倒出盒中写有数字的小木块，将 16 个小木块重新放入盘盒，使每条横线、竖线和两条对角线上的 4 个数字之和都相等。

游戏目的：培养学生的观察能力、运算能力、调整能力和思维的严谨性。

游戏解答：

1	15	14	4
12	6	7	9
8	10	11	5
13	3	2	16

二、新研发的动手玩的数学益智游戏

传统的益智游戏激发了学生的兴趣，让学生充分感受到"数学好玩"。要想让学生在此基础上"玩好数学"，再"玩转数学"，我们还要有新的探索领域。为此，我提出"新益智器具活动探索"问题。

结合传统益智器具活动情况，我认为新益智器具活动应是"动手玩的数学益智游戏"，也是"好玩的数学益智游戏"。之所以说"新"，是相对于传统益智器具而言的。这些动手玩的数学益智器具，有些是我新研发的，有些是我新收集的，有些是我新改编的，故都属于广义的"新研发"。

1. 界定

新研发的数学益智游戏，就是蕴涵数学原理、方法，需要动手操作，使用一些益智器具，融趣味性、娱乐性、知识性、思维性等为一体的活动。器具是广义的，可以是一张纸、一副扑克牌、一根绳子、一副棋等，但游戏是"烧脑"的，不同学段有不同的"烧脑"样态。

蛇头转向

游戏器具：准备一个下图所示的木槽，内放 8 个圆形棋子和 1 个标记为"蛇眼"的另色棋子。

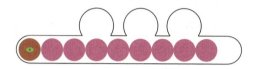

游戏玩法：用最少的步数把"蛇"的眼睛移动到另一端（把一个圆形棋子移到上面的三个圆圈中算一步）。

游戏目的：培养学生的观察能力、想象能力和思维能力。

游戏解答：至少需要 7 步。

这是为幼儿园大班孩子设计的一个游戏。孩子要动手操作，上图之物就是器具，让"蛇头转向"的过程充满了数学思维。

智放木棒

游戏器具：准备一个 4×7 正方形空格的棋盘（如下图）和 18 根木棒（棍棒的长度小于小正方形边长的 2 倍）。

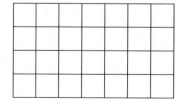 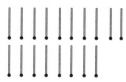

游戏玩法：在一张 $m×n$ 矩形残棋盘上（上图为 4×7），两人轮流在上面放

木棒（如火柴棒），木棒横放、竖放不限，位置不限，但要求木棒必须放在两相邻空格内。规定：某一方放完后对方无法再放时算胜。如下左图布局中，后手无法再放木棒，后手输；再如下右图的布局中，先手定输。

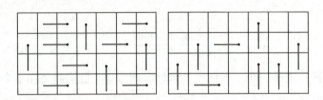

游戏目的：培养学生的对策意识、观察能力、归纳能力和思维能力。

游戏解答：游戏的关键在于改变可放木棒的奇偶性（可放木棒数为奇数时先手胜，为偶数时后手胜）。这种改变通常在 2×3 的空格内进行（如下图），当然还要顾及它们的邻格。

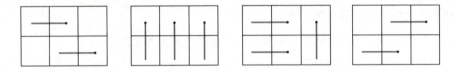

游戏拓展：老师可以改变空格数量，增加小木棒，让学生游戏。

这是为三年级学生设计的一个游戏。学生要动手操作，棋盘和木棒就是器具，游戏的过程充满了数学思维。

2. 特点

（1）器具相对简单。所选择和研发的器具，总体上相对简单，大多数器具师生和家长可以制作，方便携带、展示和游戏。

（2）游戏用时略短。每个游戏一般在 10 分钟内可以完成，这样教师就可以利用课堂空余时间或课外活动时间进行游戏，家长也可以随时和孩子玩。

（3）寓意相对深刻。每个游戏，一般来说，会指向某一数学能力的培养。游戏后学生往往会在操作中体验和感受数学思维，做到玩中学、趣中悟。

（4）学段相对明晰。新益智器具是按学段给出的。我在前期已经在一定范围内进行了试验，今后还将根据各实验校使用情况进行适当调整，使器具与学段更匹配。

五个箭头

游戏器具：准备 4 个箭头卡片（或木片、塑料片）（如下图）。

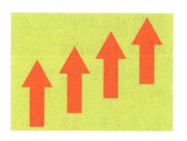

游戏玩法：请用这 4 个箭头组成 5 个箭头。
游戏目的：培养学生的观察能力和创新思维能力，防止思维定式。
游戏解答：

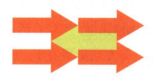

器具就是 4 个箭头，简单；游戏就是拼出"5 个箭头"，耗时短，不到 10 分钟；关键"策略"是"想象能力"和"防止思维定式"，寓意深刻。这个游戏适合一二年级的学生玩，学段明晰。

3. 意义

说到"教育""学习""成长"，顾明远先生有一段非常精彩的表述："没有爱就没有教育，没有兴趣就没有学习。教书育人在细微处，学生成长在活动中。"新益智器具，就是激发学生兴趣的器具，是让学生活动的器具。这样，真正的学习发生了，真正的成长落地了。

课改新理念告诉我们，课程改革的核心是改变教师的教学方式，教师教学方式改变的核心是改变学生的学习方式，学生学习方式改变的核心是改变学生的思维方式。思维是玩出来的！新益智器具，就是带着思维而玩的器具。

新益智器具之玩，体现了发展素质教育。从实施素质教育，到发展素质教育，就是要不忘初心，以人的发展为中心，坚持立德树人根本任务，办好人民满意的教育。有专家指出，在发展素质教育方面，要更加关注学生的学习动机，即为爱而学，在学习方式上重视实践，在学校课程组织形式上能够实现定制化个性学习。新益智器具活动让学生动手玩，大多数学生对其都爱不释手；让学生亲自体验，在实践中感受趣中学；不同的益智器具，还给学生个性化学习创造了机会。

新益智器具之玩，体现了深化课程改革。深化课程改革，必须真正地以学生为主体，解放学生，让学生成为学习的主人。深化课程改革，在我看来，可以在"全课程"中大有作为。整个世界都是教室，所有活动都是课程。全课程教育体系，就是构建必修课程、选修课程、活动课程、微型课程、潜在课程的体系，使课改理念落地有了载体。新益智器具活动，可以融入必修课程，可以专门开设选修课程，可以在活动课程中进行，可以开设类似"枪眼问题""皇后问题"等专题微型讲座，也可以让一些益智游戏"上墙"，使益智游戏成为潜在的课程资源。

新益智器具之玩，体现了培育核心素养。学生发展核心素养，主要是指学生应具备的，能够适应终身发展和社会发展需要的必备品格和关键能力，是关于学生知识、技能、情感、态度、价值观等多方面要求的综合表现，是每一名学生获得成功生活、适应个人终身发展和社会发展都需要的、不可或缺的共同素养，其发展是一个持续终身的过程，可教可学，最初在家庭和学校中培养，随后在一生中不断完善。就数学学科而言，不论哪个学段，"数学思维"都是核心中的核心，而新益智器具的每一个游戏，都能深化数学思维。

4. 研发

新益智器具的研发，既让新益智器具有了"源头活水"，能不断优化，又让教师在研发新益智器具的过程中，能更深刻地感受器具，领悟器具操作过程中的数学意蕴，激发教师学习和探索的热情。新益智器具的研发，主要源于数学实践、数学经典、民间游戏和凝思创新。

（1）数学实践。数学实践是器具研发的沃土，教师可以留意教学实践过程中具有器具开发的案例。例如，我在教"圆"时，为了让学生感受"相切"，培养学生的分类思想和思维能力，设计了"四圆相切"的问题。曾经我让学生用笔画，现在我制作了一个"收缩圆"让学生摆，看谁摆的"花样"多。

四 圆 相 切

游戏器具：在一块白板上画若干组黑色的定圆，每组定圆 3 个。

游戏玩法：用"收缩圆"的方法，让这个圆与 3 个定圆都相切，最多能摆出几个？

游戏目的：让学生感受相切，培养学生的分类思想和思维能力。

游戏解答：有 8 种情形，如下图所示。

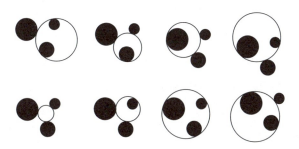

（2）数学经典。数学经典著作，尤其是数学科普作家的著作，蕴含着许多生动的数学案例和数学游戏，我们可以从中挑选一些案例和游戏，研发成益智器具。比如，我们根据"加德纳趣味数学典藏版"丛书，西奥尼·帕帕斯的《数学的奇妙》，伊凡·莫斯科维奇的《迷人的数学游戏》，张景中主编的"好玩的数学"丛书，谈祥柏的"谈祥柏趣味数学详谈"丛书等书中的案例，研发了许多有趣的益智器具。

（3）民间游戏。由于民间游戏具有趣味性、灵活性、简便性、随意性、传承性、竞争性和娱乐性，其中有不少数学游戏（如华容道、九连环等）已经成为传统的经典益智器具，还有一些民间数学游戏可以开发成新的益智器具，如下面的"九星联珠"就是源于民间游戏而新开发的益智游戏。

九星联珠

游戏器具：准备带有图案的棋盘和9枚棋子（如下图）。

游戏玩法：两人轮流在棋盘上取棋子，可以取1枚或一条线上的2枚棋子，如可取棋子9，或同时取棋子1和6，但不可以同时取棋子1和2。最后取完棋盘上棋子的为获胜者。请问：要想获胜，应先取还是后取？如何获胜？

游戏目的：让学生学会从简单问题进行探索的方法，培养学生的对策意识、观察能力和思维能力。

游戏解答：留给对手相邻情形，如棋子4与棋子5，必胜；留给对方四连情形，如棋子3、4、5和6，也必胜；留给对方"三平行"，如棋子1与8、棋子3与6、棋子4与5，对方取"点"（1枚），你就取对称的"点"，对方取"线"（2枚），你也取对称的"线"，也必胜。所以后取者有必胜的策略：对方取1枚棋子，你就取与取掉棋子呈轴对称的 2 枚棋子，如对方取棋子 9，你取棋子 2 与 7；对方取 2 枚棋子，你就取这 2 枚棋子对称轴上的那 1 枚棋子，如对方取棋子 2 与 7，你取棋子 9。

（4）凝思创新。教师、学生、家长和关心益智器具的人，都可以成为新益智器具的研发者。器具研发只有升华传统和不断创新，才能保持新鲜的生命力，具有蓬勃的生机，保持可持续发展的态势。"教育恒久远，创新每一天"，只有常怀一颗创新的心，才能让器具研发不断"步入新境"。

智取三环

游戏器具：准备一个带把柄的杯子和一条证件带，备 3 个圆形的闭环，按下图摆放。

游戏玩法：把证件带的一端固定，另一端扣在杯子把柄上，证件带上还放入 3 个圆形的闭环。你能在不破坏圆环的情况下把这 3 个环取出来吗？

游戏目的：培养学生的观察能力和创新思维能力。

游戏解答：如下图，把杯子把柄上的绳扣扩大，并将它套过杯子即可。

5. 使用

如何合理而有效地使用这些益智器具，让其既不增加学生的学习负担，又能让学生在"玩中学,趣中悟"?关键在于"融合"——融于课堂教学、融于课后服务、融于亲子互动、融于开放空间。

(1)融于课堂教学。许多益智器具的背后,都有深刻的数学原理。数学教师可以充分利用器具所蕴含的数学原理,巧妙结合课堂教学,将益智器具或作为引入课题的"创设情境"之用(如"尺测瓶积"引出"整体思维"课题),或在课堂中活跃氛围(如"最后出现"让学生深刻理解了素数),或于课堂结尾处给出为后续教学做铺垫(如"巧放棋子"为后续学习中心对称埋下伏笔)。

(2)融于课后服务。学校开展课后延时服务,就是为了给家长提供安心、放心、精心的托管服务,让孩子从容成长,不断增进家长和孩子间的幸福感。将益智器具活动开发为课程,使其成为课后服务的特色课程。学校将"益智课程"作为一个课程系列,可分年级进行,也可按器具系列组织学生游戏,如"皇后问题"和"枪眼问题"都是一个系列,学生可以从初级玩到高级。

(3)融于亲子互动。有些数学益智活动,家长可以找现成的材料和孩子一起玩,不经意间地自然融入,效果极佳(如"瓶下取纸");有些益智器具,家长可以和孩子一起制作,这就是很好的启智和互动,让孩子体验器具的制作过程,培养孩子的动手能力,使孩子对器具产生亲切感(如"多出一块");有些器具不好制作,就需要购买或向学校借,这类器具玩起来往往更具挑战性和趣味性,家长可能比孩子更爱玩(如"四T之谜")。

(4)融于开放空间。有条件的学校可以建设"数学思维活动实验室"。注意:实验室要有合理的器具摆放空间,有较好的环境布置,有教师演示的展台,有学生参与活动的平台等。学校还可以营创"益智墙壁文化",把一些一望可思的器具或照片"上墙",让"墙壁"刺激学生思考(如"叠立方体""滚动的积木")。走向"智慧校园"的学校,可以将一些益智器具进行"电子化",开发网络电子游戏活动。这些开放空间,会让益智器具产生更大的效益。

6. 研训

有了益智器具，就要对教师进行培训了。但我觉得说"研训"可能更好一些。这种提法旨在把每次培训活动都看作是一种研究，把每次研究都看作是一次培训，且研且训，且训且研，师者、研者同步提高。

（1）分区集中研训。可以将南北方分区集中研训，也可以分省进行研训，受训者再回到学校所在地进行第二次研训。这种研训，来的人多为组长，层次高，规模大，氛围好，受训者往往能受到合作研训的感染，达到自主研训。

（2）到校具体研训。请专家到学校进行研训，可以对全校教师普及益智文化，可以就器具使用和教学设计进行较为详细的探讨。数学组教师全员参加，其他学科感兴趣的教师可以共学，家长也可以旁听。还可以让专家专门和学生一起玩，这算是一种高水平的"观摩教学"了。

（3）线上视频研训。将专家就器具使用和教学设计的讲解录制成视频，供相关学校收看。这种研训方式能节省经费，不受时空的限制，随时随地进行，便于推广，受益面广。学校也可以将专家的视频直接播放给师生看，师生共玩，师生共情，也许能产生意想不到的良好效果。

（4）课题会议研训。利用每年的各级课题会议时机，在课题会议上对参会者进行研训。参加课题会议的专家比较多，有专家引领，专业性强，现场可以有较多的互动。这种研训能提升教师的理论水平。

7. 实验

教育实验是教育科学研究的一种方法，是研究者根据一定研究目的、计划，在控制条件下，对被试者（教育对象）施加可操纵的教育影响，然后观测被试者的变化及教育效果，以此推断所施加的教育影响与教育效果之间是否存在因果联系的一种方法。

教育实验中的自变量又称实验变量，是研究者操纵、控制、施加给被试者的教育影响，是实验前假定存在的因果联系中的原因变量。例如，考察两种不同的教材对学生素质提高有无显著差异,教材就是自变量;考察作业时间对学生学习、健康的影响,作业时间就是自变量。

教育实验中的因变量又叫效果变量、反应变量,是实验前假定存在的实验效应。例如,不同的作业时间对学生学习成绩、健康状况的影响,学习成绩、健康状况就是因变量。因变量的变化情况一般要选择相应的指标来观测。科学地观测因变量是否随自变量变化,如何变化,是我们在实验中要搜集的重要资料,是论证因果联系的重要依据。

教育实验中的无关变量是影响因变量,但并非自变量、因变量的一切变量。教育实验中的无关变量有很多,如环境变量中的班集体状况、学生家庭状况、教学条件、教师水平、师生关系等,时间变量中的教学时间的长短、测试时间的安排等,都是对实验结果影响较大的无关变量。

教育实验的成功,一要合理地操纵自变量,二要有效地控制无关变量,三要科学地观测因变量。

具体实验时,我们可以进行单组实验,即随机选取一个班级,先后施行不同的实验因子(如第一学期不进行益智器具活动,第二学期进行益智器具活动)。无关变量在实验过程中保持不变,根据观察实验对象发生的变化判定实验因子的效果。我们也可以进行等组实验,即在两个班进行实验,如甲班不进行益智器具活动,乙班进行益智器具活动,两个班的学习基础、教师水平、教学进度、教学环境、测试标准等都保持一致,通过测试甲乙两个班发生的变化,判定实验因子的效果。我们还可以进行轮组实验,即将单组比较和等组比较结合起来,让两组被试者同时接受不同的实验处理,经过第一轮实验后,测量两组的实验效果,再将两种处理轮换对调,进行第二轮实验,经过与第一轮实验相同的时间,再次测量两组的教学效果,然后将测量结果进行比较。

单组实验、等组实验和轮组实验各有利弊,实验者可以根据具体情况,选用合适的实验组织形式。

教育实验的一般程序是:确定实验课题→制订实验计划→实施教育实验→整理实验资料→分析实验结果→撰写实验报告。

8. 展示

展示是为了相互交流、相互学习、相互借鉴和相互研讨。我们可以通过观摩课、研究课来展示，也可以通过同课异构来展示。

益智器具活动，无论是融于课堂教学还是融于课后服务，无论是融于亲子互动还是融于开放空间，都存在教学设计和教学实施方面的问题。

教师要根据新的教育理念，重新认识教学过程，掌握新的教学方法，营造新型的师生关系，为创新教学设计奠定基础。在此基础上的教学设计，强调师生、生生之间的平等对话，强调体验与共鸣，强调理解与共识，强调自主与合作，强调探究与发现。期盼充满智慧、文化和生命含量的课堂"好雨"，能悄然润入学生的"心田"。

教学实施，一方面是在课堂中科学、合理、有效地完成教学设计；另一方面是根据课堂教学展开发生的情景，创新地实施教学。教学设计是课前对教学活动的规划、假设和安排，忠实地实施体现了对"设计"的尊重，创新地实施体现了对"人本"的尊重，二者缺一不可。

教学设计与教学实施是课堂教学的两翼，缺一不可。没有精心的教学设计，就没有精彩的教学实施。教学设计使课堂教学有章可循，教学实施使课堂充满活力，精彩纷呈。教学设计是教师面对文本的有备而来，精心谋划；教学实施是面对学生灵感的突现和智慧火花的绽放，师者的顺势而导。

"设计"的有效"实施"，体现了师之"能"。超越传统教案的现代教学设计，是新时期对教师教学的基本要求，有了好的教学设计，还需要教师有效地实施。同样一个情景创设的素材，有的教师能创造出让学生有身临其境之感，有的教师却让学生感到索然无味甚至不知所云，这就是师之"能"。同样一个教学设计的实施，有的教师讲得比较沉闷，学生听得无精打采；有的教师心中没有学生，只顾自己讲，为了完成教学任务而上课，不与学生交流，没有师生互动；有的教师驾驭不了课堂，整个班级乱哄哄的；有的教师面对学生挑战性的提问或回答，无所适从。而能力强的教师，既善于"统"，也善于"放"，基本上能做到"统放有度""活而不乱"。

"设计"的高效"实施",体现了师之"智"。课堂因好的教学设计和高效的教学实施而精彩,高效实施是对教学设计的丰富、拓展和延伸。学生在课堂上总会出现一些差错,有的教师会觉得影响了教学进度,有的教师则会把学生的错误当作难得的教学资源,借"错"发挥,因"错"导学,达到新的教学效应,这就是师之"智"。对一个问题的分析、探索、解决,有的教师就题论题,讲完这个问题后紧接着讲下一个问题,这样往往是浅层次地解决了一个问题;有教育智慧的教师,则善于发掘问题解决过程中的价值,这个"价值"可以是育人的、智力的、方法的、探索的、创新的、激趣的、审美的、人文的……这样就能深层次地洞见一个问题。

　　"设计"的卓越"实施",体现了师之"魂"。卓越的本质是"超越",教学设计的卓越实施,是融入教育思想、精神、态度的教学,是追求理想课堂价值的教学,是有人性、有意义、有境界、有品质、有内涵、有个性的教学,是教师综合素养在课堂教学中的呈现。精当的教学设计,就能有更多的卓越实施。换句话说,卓越的"实施"源于高质量的"设计"。教学中出现"教学设计"之外的情形,教师要表现出惊喜,让学生在教师的惊喜中得到"智力满足",师生共情,师生共探。

　　当教师在课堂教学中出现偏离"设计"时,当教师在课堂上遇到挑战性问题时,教师不能漠视,不能将学生的思维强行拉回到"设计"的轨道,而是对"设计"进行及时调整或改变,发掘自身潜能,努力创造出超越"设计"的精彩课堂。这样的课堂,是动态的、多维的、开放的、灵活的、生动的。

9. 评价

　　"没有最好,只有更好"。教育评价的意义在于为实现"更好"创造良好的育人环境。"最好""最差"只是相对的标志和暂时的现象,而不断地争取"更好",才是教育质量评价的永恒追求。

　　就教育评价而言,评价不能按传统的方法进行,评价应贯彻教育的全过程,加强对教师教学行为的跟踪研究,加强对施教质量与教学效果关系的研究，逐步建立以促进教师成长为根本目的的教师业务考核的评价体系。

在评价时，应注意评价功能的发展性、评价主体的广泛性、评价对象的全面性、评价方法的科学性、评价形式的多样性、评价内容的多维性、评价结果的激励性。只有这样，才能促进思维教育教学活动持久、深入地开展下去。

合理的评价体系，具有几个基本特点：一是评价功能转化——重视发展，淡化甄别与选拔；二是评价指标多元——重综合评价，关注个体发展；三是评价方法多样——强调质性评价，定性与定量相结合；四是评价主体多元——强调参与互动，自评与他评相结合；五是评价重心转移——注重过程，终结性评价与形成性评价相结合。

教师评价的改革重点：一是打破唯学生学业成绩论教师工作业绩的传统做法，建立教师不断提高专业素养的评价体系；二是强调以自评的方式促进教师教育教学反思能力的提高，倡导建立教师、学生、家长和管理者共同参与、体现多渠道信息反馈的教师评价制度；三是打破关注教师的行为表现、忽视学生参与学习过程的传统的课堂教学评价模式，建立"以思论教"的发展性课堂教学评价模式。

学生评价的改革重点：一是建立评价学生全面发展的指标体系；二是重视采用灵活多样、具有开放性的质性评价（即关注过程评价）；三是改革考试内容、方式，改革考试结果的处理方法；四是考试只是评价的一种方式，而不是评价的全部。

10. 展望

动手玩的数学益智游戏活动要持续发展，就要有源源不断的益智器具生成机制。

首先，益智器具要"硬"开发，即要求实验学校积极研发。一是创建"硬"开发的导向机制，二是制定"硬"开发的奖励机制，三是形成"硬"开发的共享机制。

其次，益智器具要"软"操作，即积极研究器具背后的数学意蕴。一是组建"软"操作的指导团队，二是组织"软"操作的教师培训，三是评选"软"操作的优秀案例。

最后，"软硬兼施"让益智器具活动课程步入新境，即"硬"开发与"软"操作有机结合。一是原有"硬"器具的"软"性发掘；二是新创"硬"器具的"软"性配套；三是"硬"当无止境，"软"要有深度。

具体说来，有如下路径：

一是对原有游戏的拓展。许多原有动手玩的益智器具可以再拓展。拓展即引深。引深是一种探索问题的方法，也是一种值得提倡的学习方法。比如"枪眼问题"，改变矩形大小，就可以拓展；又如"沙漏问题"，给出三个沙漏，就更具复杂性和挑战性。

二是源于数学著作。数学著作，尤其是数学科普著作，蕴含着许多可开发、可操作的数学资源。研发者要广读数学书，并以独特的视角从浩瀚的文献中，汲取可以生成动手玩的数学益智游戏原材料，经过合理设计，创造出新颖的、有趣的、益智的、能动手玩的数学游戏。

三是关注智力读物。智力读物包括智力书籍和智力刊物，这些读物往往题量多，所有问题都带有益智背景。研发者要以犀利的眼光，以生成"动手玩的"器具为考量，把其中具有数学思维背景的问题，巧妙地研发出器具来。例如，我从《智力》杂志和《东西数学物语》等书中，研发出好几个动手玩的数学益智器具。

四是整合民间游戏。丰富多彩的民间游戏具有趣味性、灵活性、简便性、随意性、传承性、竞争性和娱乐性，是一种宝贵的益智活动资源，值得研发者关注。例如，厦门人在中秋玩"博饼"，我就利用游戏中的骰子，研发出多个益智游戏，写有《玩着骰子学数学》一文。

五是网络高手献题。"高手在民间"。随着网络的发展和便利，益智器具研发部门或益智活动课题组人员要有互联网思维意识，借助网络，积极开展"互联网＋益智游戏"工作，在充分发掘散布于网络中的益智游戏的基础上，可进行网上征集益智游戏活动。

六是教师积极研发。实验学校教师，应积极研发益智器具。一方面，研发益智器具对教师当下使用器具具有启发性，能更深刻地理解器具研发者的意图和器具背后的数学思维；另一方面，教师研发器具，需要设法拓展游戏，此时教师或读数学著作，或关注《智力》杂志，或研究民间游戏，数学素养在"研发"中不断提升。

七是学生自我探索。让学生也介入益智器具研发，是一个大胆的设想。在我看来，至少在小学高年级和中学是可以开展这项工作的。我读初中时，一次暑假作业，老师让我们根据学过的知识做个教具，整个暑假我都沉迷于数学思考之中，竟然做出了涉及高中数学知识的教具。"教具"可行，"器具"亦然。

八是家长热情参与。多数益智游戏，是可以融入亲子互动的。家长的职业会涉及各行各业，这是一种丰富的教育资源，利用得好对益智活动将十分有益。有些家长本身还是益智游戏的爱好者，当不同行业的人介入益智器具的制作时，"创意"的空间将绚丽多彩。

九是借鉴各国成果。益智游戏首先要立足于我们自己，因为"越是民族的，越是世界的"，但仅有民族的，是不够的，也是狭隘的。我们应利用世界优秀的益智活动成果，把更多、更好的益智器具"引进来"，这样就能开阔益智活动视野，丰富思维教育的内涵。

十是组织研发大赛。为了激发各地区、各学校更好地开展益智活动，丰富全国范围内益智器具的种类，激活广大教师研发的热情，可以每年组织一次"数学益智器具研发大赛"，争取每个课题学校至少提供一个器具参赛。坚持下去，益智活动必将步入"各美其美，美人之美，美美与共，天下大同"之境。

三、数学扑克游戏

数学是一门研究数与形的科学，而扑克牌的点数、张数可谓"数"，扑克牌的花色、图案可谓"形"。数与形，在 54 张扑克牌的千变万化中，呈现出神秘莫测、妙趣横生的扑克游戏，令人兴奋、惊叹，引发好奇、兴趣，促进思维、探索。

扑克游戏以其生动的形式"娱人"，以其无穷的巧趣"感人"，以其合情的推理"智人"；扑克游戏化枯燥为妙趣，变深奥为通俗，寓原理于游玩；扑克游戏寓学于乐，寓智于趣，寓思于妙。

我们先看一个扑克游戏。

黑红法寻牌

游戏器具：准备一副扑克牌。

游戏玩法：表演者两手各执半数牌，牌背朝上，由左右观众抽牌。左边观众从左手抽去一张牌，右边观众从右手抽去一张牌，各自记住牌名。表演者为避免看见观众插牌情形，背对观众，双手仍各自执牌放在身后，请左边观众将牌插入左手牌中，右边观众将牌插入右手牌中。然后面向观众，分堆抽洗法洗牌。之后把牌收起，牌面朝向自己寻牌，就能把观众抽的牌找出来。

游戏目的：让学生体验"唯一性"，学会细微观察，充分感受数学的神奇。

游戏解答：表演者把全副纸牌按照花色（黑色和红色）分成两部分。双手分开时，一手拿黑色牌，一手拿红色牌，把牌背朝上，让观众抽牌。观众插牌前，表演者背对观众，手伸向身后，恰好左手转向右方，右手转向左方，双手调换了方向，观众抽的牌就很自然地插入另一部分牌中。因黑色牌中只有一张红色牌，红色牌中只有一张黑色牌，这样就很容易找出这两张牌来。

游戏说明：本游戏的原理是"左右本质不同"。这样，就可以创造多种不同的"左右手牌"：桃心与梅方、有方向与无方向、质数与非质数、不小于7与小于7、除4的余数分类、斐波那契数与非斐波那契数……

一个扑克游戏，孩子玩出了什么？玩出了惊喜——怎么这么神奇，玩出了兴趣——原来数学如此有趣，玩出了观察——找出那张另类的一张牌，玩出了想象——想象那转身后的迷人"神操作"，玩出了思维——怎么设计才能不让对方发现奥秘，玩出了分类——分出不同的"集合"类型，从而区分出不同，玩出了变式——触类旁通、举一反三，玩出了归纳——学会了总结和概括，玩出了数学——奇偶、余数、对称、质数、斐波那契数列……

老师（或家长）要如何配合？要表现出惊喜之情——你怎么这么厉害！要表现出神奇之状——你怎么就能找出来！要表现出不信之疑——还能再玩一次吗？要表现出自嘲之态——我还真的一时弄不明白！

孩子从老师（或家长）的眼神和赞叹中获得了什么？会玩扑克游戏的人，是很厉害的；"略施小计"，有智慧就能"放倒别人"；还想再研学新的游戏，不断给自己赋能；数学与扑克游戏，密不可分；高层次的智力满足，让自信的阳光洒满心田。

数学思维几乎在玩扑克游戏的过程中被"全覆盖"了！为什么这样说？因为扑克游戏影响着人们的数学思维品质。

看 2 知 3

游戏器具：准备一副扑克牌。

游戏玩法：表演者洗牌后，背对观众，请观众从牌背朝上的牌顶部取出 5 张牌，打乱，从左到右牌面朝上摆在桌上。助手将 5 张牌按原位一一翻牌——将牌面朝下。

表演者面对观众，助手翻开其中 2 张牌，表演者就能准确推出牌面朝下的那 3 张牌。表演者是怎么做到的？

游戏目的：领悟数学理论的运用价值，体验魔术中的"数学味"，激发学生探索由游戏引发的深度研究，了解排列、单调性、数列和子数列。

游戏解答：原理：在由 $(k-1)^2+1$（或更多）个互不相同的数字组成的任意排列中，至少存在这样 k 个数：尽管它们不一定相邻，但却是按递增或递减的顺序排列的。因此，其中总会存在一个长度为 k 的子列，它要么是递增的，要么是递减的。

（1）本游戏中取 $k=3$，即：在 5 个不同数的任意排列中，至少有 3 个数保持了数字的顺序，它们要么递增，要么递减。

表演者事先将自己熟知的 5 张牌放在整副牌的顶部，比如"桃 2 心 3 梅

5方7桃J"——前5个质数和"桃心梅方"周期。如观众将牌按下图摆在桌上：

助手发现2、5、7递增，将5张牌翻转，然后当着表演者的面，从左到右（暗示"递增"）先翻开红心3，再翻开黑桃J，表演者从余牌2、5、7及"递增"的信息中，就能说中牌面朝下的3张牌了。

如果观众将牌按下图摆在桌上：

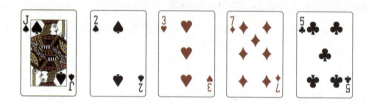

助手发现J、7、5递减，将5张牌翻转，然后当着表演者的面，从右到左（暗示"递减"）先翻开红心3，再翻开黑桃2，表演者从余牌5、7、J及"递减"的信息中，就能说中牌面朝下的3张牌。

表演者熟记的5个数，还可以是从斐波那契数列的第2—7项（1、2、3、5、8、13）中选5个，或从圆周率3.1415926中选取1、5、9、2、6，或选取手机号码后5位（确保数字都不同）等，尽量不让观众发现这5个数是精心挑选的。

特殊情况下助手也可以只翻一张。以我的手机号后5位数字04982为例（0用小王表示），观众摆出02489，或20489，或90248……出现左边两张去掉一张后的4个数呈递增现象，助手就可以说："我翻开一张吧。"边说边翻开左边（暗示"递增"）的第1张或第2张。表演者排除一张后，结合"递增"的信息就能准确说出牌面朝下的4张牌了。

类似地，观众摆出如98420，或98402，或84209……出现右边两张去掉一张后的4个数呈递减现象，助手就可以说："我翻开一张吧。"边说边翻开右边

（暗示"递减"）第 1 张或第 2 张。表演者排除一张后，结合"递减"的信息就能准确说出牌面朝下的 4 张牌了。

当然，为能更多地创造"翻看一张"的效果，表演者和助手可以约定"翻看第 3 张正摆放"为"递增"，"翻看第 3 张后转向摆放"为"递减"。比如，04289，助手把第 3 张的 2 翻开，表演者即知"递增"；84920，助手把第 3 张的 9 翻开且转一个方向摆放，表演者即知"递减"。

还有两种特殊的情况——观众排出 02489，或 98420。助手将 5 张牌牌面朝下摆放好后，当着表演者的面，若翻看左边第 1 张，说："算了，不给你看估计你也能猜中！"左边暗示"递增"，表演者领悟——5 张递增——02489；若翻看右边第 1 张，说同样的话，右边暗示"递减"，表演者领悟——5 张递减——98420。

（2）当 $k=4$ 时，$(k-1)^2+1=10$，也就是说，10 张牌会出现 4 张递增或递减的，助手翻开 6 张牌，表演者就能推出另外 4 张牌；当出现 5 张牌递增或递减时，助手可以翻开 5 张牌。以此类推，可灵活地翻开尽可能少的牌。

有研究发现，在由 13 张牌所组成的 13！种可能的排列中，至少 5 张牌（不一定彼此相邻）按递增或递减排列的概率约为 98.4%。万一出现小概率事件——没有 5 张递增或递减的排列，助手可以将牌再拿给观众说："够呛，你再好好洗一下。"这样，助手就很可能找到 5 张牌是递增或递减的。

五打一

游戏器具：准备一副扑克牌。

游戏玩法：1 个庄家对战 5 个闲家。庄家手里只剩一张 Q，5 个闲家的顺序和牌分别如下。

甲：3、4、K；

乙：J、J；

丙：3、4、Q；

丁：9、9；

戊：10、10、Q。

其中K最大，3最小，可出单张或对子。甲先出牌，然后按照乙、丙、丁、戊、庄家的顺序轮流出牌。

请问：5个闲家能否把手里的牌全部出完而获胜？

游戏目的：培养学生的观察能力、推理能力和对策思维能力。

游戏解答：甲：4→丙：Q→甲：K→甲：3→丙：4→丁：9→戊：Q→戊：10、10→乙：J、J→丙：3→丁：9。

遥相呼应

游戏器具：准备一副扑克牌，去掉大小王。

游戏玩法：观众洗牌后，将牌面朝上从左到右展开给表演者看，表演者从中抽出一张牌（记为X）盖住，然后请观众收起牌，并将整叠牌牌面朝下放好。表演者从上面拿掉一叠牌（至少留下十几张），观众将桌上的余牌拿起，左一张右一张地放牌，直至把牌放完。

这时，表演者说："左右两叠牌的最上面两张，一张是X的花色，一张是X的点数。"观众翻开一看，果然是！

游戏目的：培养学生的观察能力、想象能力和快速反应能力。

游戏解答：观众展牌时，表演者要瞄一眼最后两张牌M和N，表演者所抽的牌是M的花色N的点数（或M的点数N的花色）即可。

举例：如下图所示，表演者瞄了一眼最后两张牌，是黑桃10和方块7，此时可以选择黑桃7或方块10，图中选择黑桃7作为X牌（为了体现"快速"，现场表演时以"先看到哪张选哪张"为原则抽牌）。

表演者让观众将牌牌面朝下码齐，是为了好去牌。去牌一是节省分牌时间，二是让观众感觉"随机"。分牌后，最后两张牌一定分别落在左右两堆上。

游戏说明：为了增强表演效果，表演者也可以考虑"抽两张 X 和 Y"，如选择黑桃7和方块10。这种情况下，表演者可以说："左右两叠牌的最上面两张，一张是 X 的花色，Y 的点数；另一张是 X 的点数，Y 的花色。"

但有两种特殊情况要特别灵活地处理一下。

情况1：X 和 Y 同花色。

处理1：表演者可以说"太整齐了，把牌再洗一遍"，直到 X、Y 不同花色且不同点数。

处理2：表演者可以说："没看见我要的牌。"然后拿起整叠牌趁机切一次牌，直到 X、Y 不同花色且不同点数。

处理3：表演者可以说："我取的两张牌一定会和最后我说的牌同色配对"（如下图）。

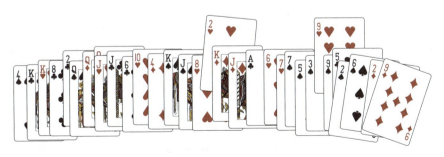

情况2：X 和 Y 点数相同。

处理1：同上，重新洗牌法。

处理2：同上，悄悄切牌法。

处理 3：取相同点数的另两张，说"会出现'炸弹'"（如下图）。

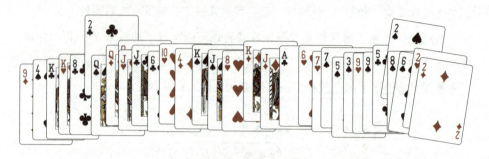

蒙日洗牌法

游戏器具：准备一副扑克牌，去掉大小王。

游戏玩法：将去掉大小王的一副牌牌背朝上，第 1 张放在桌上，第 2 张放到第 1 张上面，第 3 张放在前两张的下面，第 4 张放到前三张的上面，依此进行，直到洗完一副张牌，这就是"蒙日洗牌法"。

表演者任取 32 张牌，为增加表演效果，表演者可以让观众背一句七言唐诗，数出第 7 张牌，并让观众记住。表演者按蒙日洗牌法洗完 32 张牌后，背一首五言唐诗，数出第 20 张，就是观众记住的那张牌。

这是为什么？

游戏目的：感受奇偶分析和方程思想，培养学生的推演能力。

游戏解答：一副 $2p$ 张的牌用蒙日洗牌法洗一遍后，原来的第 x 张变成第 y 张。当 x 为奇数时，$y=\frac{1}{2}(2p+x+1)$；当 x 为偶数时，$y=\frac{1}{2}(2p-x+2)$。

例如，一副 52 张的扑克牌，蒙日洗牌法洗一遍后，第 18 张仍是第 18 张；任意 32 张扑克牌，蒙日洗牌法洗一遍后，第 7 张与第 20 张交换了位置（这就是本游戏的秘密）。

游戏说明：如果牌的总数为 2^n 张，那么洗 $n+1$ 次就可以恢复原来的顺序。比如，32 张牌，洗 6 次就可以恢复原来的顺序。由此，我们就可以生成适合中学生玩的游戏。又如，8 张牌，洗 4 次就可以恢复原来的顺序。由此，我们就可以生成适合小学中高年级学生玩的游戏。

2 张牌编码

游戏器具：准备一副扑克牌中所有的 A—10，共 40 张。

游戏玩法：表演者回避，观众从 40 张扑克牌中任取 3 张点数不同的牌交给助手，指定一张牌 X 盖住，助手将剩余的 2 张牌和 X 放在一行，请表演者回来。表演者看一眼（如果剩余的 2 张牌都盖住的话，可以翻看一眼），就能猜出 X。

你能成为助手帮助表演者吗？

游戏目的：培养学生数学游戏的设计意识和实际操作水平，学会提供编码信息，培养学生的观察能力、记忆能力和运算能力。

游戏解答：将观众选的另外两张牌记为 U、V，我们在 X 牌上放一枚棋子，巧妙"约定"，就可以产生很多信息码。

（1）X 左侧明牌一张接一张：暗示"黑桃"，且 UVX，■VX，U■X，■■X（■表示牌背朝上），给出 8 个信息码，扣除 2 张明牌，实质上是 10 个信息码；X 右侧明牌一张接一张：暗示"红心"，且 XUV，X■V，XU■，X■■，给出 8 个信息码，扣除 2 张明牌，实质上是 10 个信息码；X 右侧明牌"压半张"：暗示"梅花"，类似地给出 10 个信息码；X 左侧明牌"压半张"：暗示"方块"，类似地给出 10 个信息码。

有了"花色"和 10 个信息码，表演者就能猜中 X。

说明：扣除 UV 后，X 有 8 个序位。UV 状管序位 1、2：$U>V\to 1$，$U<V\to 2$；■V 状管序位 3、4：■$>V\to 3$，■$<V\to 4$；U■ 状管序位 5、6，$U>$■$\to 5$，$U<$■$\to 6$；■■ 状管序位 7、8，左 > 右 $\to 7$，左 < 右 $\to 8$。

如 A、3、9 三张牌，若黑桃 9 为 X，则扣除 A、3 后，9 的序位为 7，助手摆成 ■■ X，表演者翻看两张 ■，发现左 > 右，推出序位 7，猜出黑桃 9。

（2）如果在（1）的基础上，设计"X 居中"，8 个暗示"桃 J 桃 Q 心 J 心 Q 梅 J 梅 Q 方 J 方 Q"，这样，就有 48 个信息码了，游戏器具就可以改为"一副去掉 4 个 K 和大小王的扑克牌"。

（3）对幼儿园的小朋友，可以这样玩。

玩法 1：甲乙丙三人游戏，甲从红心 A、2、3、4 中任取 3 张，盖住一张牌 X，乙摆放2张明牌，牌面朝上成一行。"约定"：X放左边，小大→1，大小→2；X放右边，小大→3，大小→4。丙就能根据"约定"，猜中X。

玩法2：甲乙丙三人游戏，甲从红心A、2、3、4、5、6中任取3张，盖住一张牌X，乙摆放2张明牌，牌面朝上成一行。"约定"：X放左边，小大→1，大小→2；X放右边，小大→3，大小→4。丙就能根据"约定"，扣除2张明牌，依序顺推，猜中X。

玩法3：甲乙丙三人游戏，甲从红心A、2、3、4、5、6、7、8、9、10中任取3张，盖住一张牌X，乙摆放2张明牌，牌面朝上成一行。"约定"：X放左边，小大→1，大小→2；X放右边，小大→3，大小→4；X放左边且"压半张"，小大→5，大小→6；X放右边且"压半张"，小大→7，大小→8。丙就能根据约定，扣除2张明牌，依序顺推，猜中X。

数字无序化

游戏器具：准备下图所示的8张扑克牌，并按下图方式排列。

游戏玩法：图中的8张扑克牌，8个数字有序地排列在一起。要求：将这8张扑克牌重新排列，使它们处于完全无序的状态。也就是说，任意两个连续的数字在上下、左右和对角线方向上都不相邻。

如何做到这一点?

游戏目的:理解连续的数字和"都不",培养学生的推理能力。

游戏解答:首先,我们注意到中间两个位置有其余位置所不具备的特点,即与它在上下、左右和对角线方向上有接触的扑克牌共有 6 张(其余位置只有 3 张或 4 张),这说明,对于要放在中间两个位置的数字而言,8 个数字中,除了自身外,必须有 6 个数字和其自身不相邻,或者说,只允许有一个数字与其自身相邻。满足这一条件的数字只有两个:A(即 1)和 8。因此,填在中间两个位置中的数字必须是 A 和 8。中间的数字确定后,其余位置的数字就不难确定了。答案见下图。

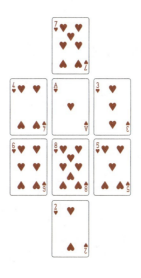

4A 转移

游戏器具:准备半副扑克牌,包含 4 张 A。

游戏玩法:表演者把 4 张 A 和余牌展开给观众看,如下图。

表演者收起余牌，牌背朝上，把 4 张 A 也牌背朝上放在余牌上。从上到下取牌，然后从左到右一张一张放牌，放 4 张，边放边说："我把 4 张 A 先放好。"然后在每张牌上各压 3 张牌（如下图）。

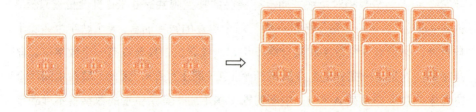

表演者"施魔法"——"AAA 请过来"，然后将最右侧的那堆牌翻开，4 张牌居然是 4 个 A。

游戏目的：培养学生的动手能力和想象能力，感受"小智慧"带来的乐趣。

游戏解答：表演者事先在黑桃 A 下面藏了 3 张杂牌，如下图。给观众看牌时，这 3 张杂牌被黑桃 A 盖住，不能让观众发现，当然，也可以将这几张牌拿在手上向观众展示。

"压 3 张"时，从右到左各压 3 张，这样最右侧一堆的 4 张牌就是 4 个 A。

  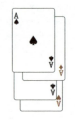

游戏说明：本游戏还可以这样"玩"：扑克牌展现完后，将牌分别收起，牌背朝上，4 张 A 放在顶部，第一次从顶部抽一张牌插入整叠牌下端四分之一处，第二次再从顶部抽一张牌插入整叠牌下端二分之一处，第三次还是从顶部抽一张牌插入整叠牌上端四分之一处。表演者在牌上"施魔法"："4A4A 请上来。"翻开顶部 4 张牌，就是 4 个 A。

我们从"看 2 知 3"游戏中，感悟了思维的深刻性；从"五打一"游戏中，玩出了思维的灵活性；从"遥相呼应"游戏中，体验了思维的敏捷性；

从"蒙日洗牌法"游戏中,认识了思维的广阔性;从"2 张牌编码"游戏中,练习了思维的独创性;从"数字无序化"游戏中,学习了思维的严谨性;从"4A 转移"游戏中,见证了思维的批判性。

苏霍姆林斯基曾说:"孩子们通过玩耍发现世界,展示他们的创造能力。没有玩耍,完全的智力发展是不可能的。玩耍是一扇敞开的巨大窗口,富有生命力的概念和思想由此注入孩子们的精神世界。玩耍是火花,是点燃求知欲和好奇心的火焰。"

游戏是儿童自由生命的基石!数学扑克游戏,则是数学游戏中的一朵"奇葩之花"。将扑克牌进行千变万化的排列组合,演示神秘莫测的数学魔术,演绎妙趣横生的数学游戏,演算兴趣盎然的数学趣题,就能引发学生之兴趣,体味数学运用之魅力,激发数学学习之热情。用数学慧眼看扑克游戏,只要用心,就一定能看出更多有趣的问题来,就一定能由此引发新的探索。正所谓:"游戏的过程与数学思维的过程,高度一致!"

扑克游戏,有着巨大的发展空间和广阔的发展前景。

四、趣味数学问题

传统的数学益智游戏、新研发的数学益智游戏和数学扑克游戏是趣味数学问题中比较特殊的三类游戏。下面主要讨论除这三类以外的其他趣味数学问题,这类趣味问题多数要动脑思考,用笔推算(推理和计算)。

翻阅科学家们的传记,我们可以发现其中不少人的创造、成就往往和他们具有某方面的兴趣分不开。爱因斯坦小时候曾被人认为是呆头呆脑的,进入初中后成绩也不好。这时,他的一位当工程师的叔叔却用趣味的魔术师式的语言,引起爱因斯坦对知识的好奇。他对爱因斯坦说:"代数嘛,就像打猪一样有趣。那头藏在树林里的野兽,我把它叫作 x,然后一步一步逼近它,直到把它逮住!"他还从几何学入手,打开爱因斯坦的思维。他在纸上画了一个直角三角形,标上 A、B、C,并写上 $AC^2+BC^2=AB^2$,然后说:"这就是大名鼎鼎的毕达哥拉斯定理。2000 多年前的人就会证明了。孩子,你也来证证看！"12 岁的爱因斯坦被这个定理的证明迷住了，他一连三个星期苦苦思索，终于证明了这个定理。

想想爱因斯坦在初中的学习生活，看看这位 20 世纪的物理大师，我们能从中得到什么启示呢？这说明：成为天才的秘密就在于强烈的兴趣和爱好。而趣味数学正是培养学生兴趣和爱好的重要方法之一。

兴趣和爱好就像催化剂，它能不断地促进学生去实践、探索，逐步引导他们喜爱数学，从而发展他们的智力，为将来钻研科学技术打下牢固的智慧基础。

趣味数学题材广泛，下到初等算数、代数，上至现代泛函分析、拓扑学等尖端分支，都有它的踪迹，而在趣味数学与严肃数学之间，并不存在一道泾渭分明的鸿沟。世界上不少数学名家也是趣味数学大师，有些甚至是因为从小玩趣味数学而迷恋上数学，最终成为数学大师的。

趣味数学问题可以按问题涉及内容分，如数字奇趣、趣味算数和代数、趣味集合和拓扑、趣味组合数学和图论、趣味概率和运筹、趣味逻辑和悖论、游戏和智力玩具；也可以按某种类型分，如算数类、几何类、组合类、概率类、数独类、巧填智解类、拼割类、逻辑推理类、创造类、观察类、想象类、脑筋急转弯类、创意类、智能类等，如《名人·趣题·妙解》一书就按"名人"分出 100 类。

下面先感受几道趣味数学问题。

臭皮匠与诸葛亮

"三个臭皮匠，顶个诸葛亮"，这句俗语说的是集体的智慧能超越个人的智慧。能不能用数学知识来解读这句话呢？

我做了如下探索：

假设诸葛亮独自解决问题的概率为 0.9，三个皮匠解决问题的概率都为 0.5。现在要解决一个问题，诸葛亮为一组，三个皮匠组成一组。请算一算两组在同一时刻解决了问题的概率分别是多少。

根据条件可知 $P_{诸葛}$=0.9，皮匠三人组中，只要有一人解决了问题，小组就算解决了问题，故有：$P_{皮匠}$=1-（1-0.5）^{3}=0.875。

三个皮匠的智慧已经接近诸葛亮的智慧了！

如果三个皮匠中，有一个人解决问题的概率为 0.6，则：$P_{皮匠}$=1-（1-0.5）^{2}（1-0.6）=0.9。

三个皮匠的智慧已经等于诸葛亮的智慧了！

如果三个皮匠解决问题的概率分别为 0.45、0.55、0.60，则：$P_{皮匠}$=1-（1-0.45）（1-0.55）（1-0.60）=0.901。

三个皮匠的智慧超过了诸葛亮的智慧！

刚才诸葛亮和皮匠解决的问题是一般性问题，如果解决一个很难的问题，假设诸葛亮此时独立解决问题的概率为 0.3，三个皮匠实在是"臭"，他们解决问题的概率分别是 0.11、0.11、0.12，则：$P_{诸葛}$=0.3，$P_{皮匠}$=1-（1-0.11)(1-0.11）（1-0.12）≈0.303。

这么"臭"的三个皮匠解决问题的智慧竟然超过了诸葛亮！

如果遇上更"臭"的皮匠，他们解决问题的能力仅有 0.091，但是有四个皮匠，四个皮匠"合力"后：$P_{皮匠}$=1-（1-0.091）^{4}≈0.317。

四个"臭"得不能再"臭"的皮匠，联合起来后解决问题的能力已经超过了诸葛亮！

所以，集体智慧的结晶远远超过个人聪明能力。我们可以不相信俗语，但一定要相信数学！

照片叠放

同一个人的大小两张照片（如下页图所示），把小照片随手放在大照片上，那么，小照片上一定有一个点 O，它和大照片上与之正对着的点 O' 实际上是同一个点。你知道这个点在哪里吗？（本游戏也可以利用同一种地图不同大小的两张来叠放，O 与 O' 是同一个地名。）

怎么求 O 这个不动点呢？

设大照片为 A'B'C'D'，小照片为 ABCD，延长 AB 交 A'B' 于 P 点，过 A、P、A' 及 B、P、B' 分别作圆，则两圆的另一交点 O（非 P 点）为所求的不动点。

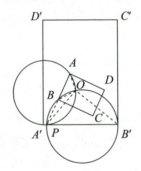

∵ ∠OAB 与 ∠OA'B' 都对应 ⊙APA' 的 $\overset{\frown}{OP}$，

∴ ∠OAB = ∠OA'B'。

∵ ∠OBA = ∠BPO + ∠BOP，

而 ∠BPO + ∠BOP 与 ∠OB'A' 都对应 ⊙BPB' 的 $\overset{\frown}{OP}$，

∴ ∠OBA = ∠OB'A'。

这就说明 O 点在小照片中所处的位置没有变动，O 点即为所求的照片位置变换的不动点。

拓展：甲昨天早晨 8 点从北京乘高铁，12 点多到上海；乙今天早晨 8 点从上海乘高铁沿原途返回，12 点多到达北京。这段路程中肯定有一点是昨天和今天火车在同一时刻经过的。

解答：由于出发的时间相同，无论途中高铁速度如何变化，甲、乙两人所坐的高铁总会在途中某点相遇。换言之，途中必有一点使他们往返时在同一时刻经过。

足球上的黑白块

足球是由许多小黑白块的皮粘合而成的。黑白块都是相同的图形吗？仔细一看，发现有的是正六边形，有的是正五边形。

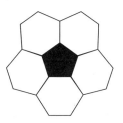

能否数一数，一个足球上究竟有多少块黑块，多少块白块？你能不做记号，不重复又不遗漏地准确数出来吗？

我曾请老师或学生试着数一数，竟无一人在第一次回答时说对答案！少数人在第一次报错后，双手并用，手眼配合，才报对黑块有 12 块。白块比黑块多，就更不容易数清了。

其实，从数学角度思考一下，就能有效解决问题。

足球上的黑块是正五边形，白块是正六边形。每块黑皮的五条边分别与五块白皮的一条边缝合在一起，而每块白皮的三条边分别和三块黑皮缝合在一起。

因为足球表面是封闭的，12 块黑皮与若干块白皮紧密相连，所以白皮、黑皮的边数都不会有剩余或缺少。

设白皮有 x 块，那么白皮共有 $6x$ 条边。这 $6x$ 条边里，一部分与白皮交接，一部分与黑皮交接，所以与黑皮缝合在一起的有 $3x$ 条边。

已数出黑皮有 12 块，每块黑皮有 5 条边，所以黑皮共有 $5 \times 12 = 60$ 条边。这 60 条边必须与 $3x$ 条白边缝合在一起，于是有

$$60 = 3x$$

$$x = 20$$

也就是说，足球表面共有黑皮 12 块，白皮 20 块。

如果大家知道了"多面体欧拉定理"，我们不数出黑皮块数，也能准确求出黑皮、白皮各几块。

多面体欧拉定理：如果一个简单多面体（凸多面体都是简单多面体）的面数是 F，顶点数是 V，棱数是 E，那么 $F+V-E=2$。

设足球上有 x 个正五边形，y 个正六边形，由多面体欧拉定理得

$$x+y+\frac{5x+6y}{3}-\frac{5x+6y}{2}=2 \tag{1}$$

看每一条边，易得

$$\frac{6y}{5x}=\frac{2}{1} \tag{2}$$

由式（1）、（2）解得：$x=12$，$y=20$。

北大附中的俞江、乌维宁两位同学，根据多面体欧拉定理设计了一种新式足球，期盼能给国际足协一些启示，让足球世界更加精彩。

他们考虑将正三角形、正四边形和正五边形缝合在一起，形成一个新式足球，如下图所示。

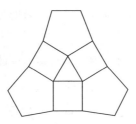

设新式足球有 x 个正三角形，y 个正四边形，z 个正五边形，由多面欧拉定理得

$$x+y+z+\frac{3x+4y+5z}{4}-\frac{3x+4y+5z}{2}=2$$

化简得：

$$x-z=8 \tag{3}$$

由于每个正三角形都与 3 个正四边形相接，1 个正四边形有 2 条边与正三角形相接，故有：

$$\frac{3x}{4y}=\frac{1}{2} \tag{4}$$

由于每个正五边形都与 5 个正四边形相接，1 个正四边形仅有 2 条边与正五边形相接，故有：

$$\frac{5z}{4y}=\frac{1}{2} \quad (5)$$

由式（3）、（4）、（5）得：$x=20$，$y=30$，$z=12$。

新式足球由 20 个正三角形、30 个正四边形、12 个正五边形缝合而成。用三种颜色为足球着色，好一个彩色球，这将为足球运动增加观赏性。

十二球难题

12 只球外表一模一样，已知其中有一个重量异于其他球的伪球，但不知其较轻还是较重。试用一个无砝码的天平，称量比较 3 次，找出这个伪球，并判断伪球与真球的轻重。

别看这样一道小小的趣题，要找出伪球并判断轻重，真不是一件容易的事。

为方便起见，我们用 A、B、C……L 表示 12 个球，并用符号"="">""<"表示"等于""重于""轻于"。对于已确定为正常的球，我们在它的右上角加上"*"。

下面的"称量表"提供了一种解答，其中"↑"表示较重，"↓"表示较轻。

第一次称量	第二次称量	第三次称量	伪球
ABCD>EFGH ($I^*J^*K^*L^*$)	ABCH>$DI^*J^*K^*$ (H^*D^*)	A>B	A ↑
		A<B	B ↑
		A=B	C ↑
	ABCH<$DI^*J^*K^*$ ($A^*B^*C^*$)	D>I^*	D ↑
		—	
		D=I^*	H ↓
	ABCH=$DI^*J^*K^*$ ($A^*B^*C^*D^*H^*$)	E>F	F ↓
		E<F	E ↓
		E=F	G ↓

续表

第一次称量	第二次称量	第三次称量	伪球
ABCD=EFGH （A*B*C*D*E*F*G*H*）	A*B*C*>IJK （L*）	I>J	J↓
		I<J	I↓
		I=J	K↓
	A*B*C*<IJK （L*）	I>J	I↑
		I<J	J↑
		I=J	K↑
	A*B*C*=IJK （I*J*K*）	L>A*	L↑
		L<A*	L↓

　　值得一提的是，随着新媒体的快速崛起，不断将学习内容做成"动画"或"游戏"或"仿真"的形式，比如"AR/VR技术"等，这些"新境"的趣味性、故事性和游戏的互动性，对学生具有极大的吸引力。趣味教育与教育趣味，在新时代被赋予新的内涵和更大的创新空间。

　　趣味数学问题，也要与时俱进，我们要充分利用新媒体技术和相关平台，创生出新的"趣味数学问题"类型。

第六章

"数学玩育"的课例

"数学玩育"的课例非常多,但数学教师心中要有三个意识:(1)学段意识,即这个课例可以从哪个学段玩起;(2)类型意识,即这个课例是传统的数学益智游戏、新研发的动手玩的数学益智游戏、数学扑克游戏,还是趣味数学问题;(3)"入境"意识,即课例主要可以达到好玩、玩好、玩转、玩味的哪个境界。

下面以"学段"为序,沿着"入境"层次,结合"类型",给出一些课例。这些课例也可以说是"玩例"。

一、学前

1. 好玩

妙取字母B

游戏器具:A、B、C三个英文字母是用坚硬的木材制成的,用绳索捆绑(如下图所示)。

游戏玩法：在不损坏 A、B、C 且不剪断绳索的前提下，怎样取下字母 B？

游戏目的：培养学生的观察能力和创新思维能力。

游戏解答：

> 评：多数孩子都能取出来，并发出："嘿！挺好玩的"感叹。

2. 玩好

彩色多米诺骨牌

游戏器具：准备 15 块 1∶2 的多米诺骨牌（见左下图）和 1 个彩色的盒子（见右下图）。

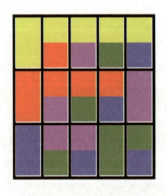 

游戏玩法：将 15 块多米诺骨牌按盒子的色彩放入盒中。

游戏目的：培养学生的观察能力、想象能力和推理能力。

游戏解答：

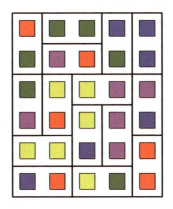

评：从找"唯一"先入手，要想"玩好"，对小朋友来说也不容易！

3. 玩转

135 胜 246

游戏器具：准备如下图所示的扑克牌，共 6 张。

游戏玩法：甲持三张红牌，乙持三张黑牌，两人轮流出牌比大小。乙先出牌，甲后出牌，共比赛三轮，采取三轮两胜制。甲能胜出吗？

游戏目的：让学生体验最佳策略，培养对策思维能力。

游戏解答：这个游戏其实是"另类"的"田忌赛马"。甲胜出的对策见下页图。

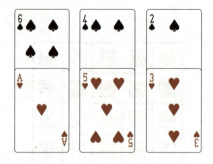

评：玩的现场，生动有趣！小朋友们感兴趣的话，可以玩多张的，也可以分析失败的原因。

4. 玩味

三角形变正方形

游戏器具：准备下图所示的切割好的三角形拼版。

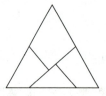

游戏玩法：用这四块拼版拼成一个正方形。
游戏目的：让学生观察直角，培养学生的基本思维能力。
游戏解答：

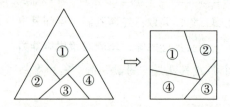

评：爱"拼"才会赢，"拼"出来也许不难，"证"出来还真不易！留下一段"真情"，看看孩子们读初中后能否证明出来。

二、小学（1—3年级）

1. 好玩

重叠的三角形

游戏器具：准备红色和黄色两个全等三角形，将黄色三角形分割成若干块小三角形。

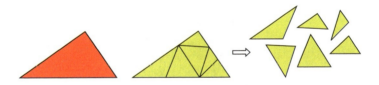

游戏玩法：老师随意将黄色小三角形覆盖到红色三角形上（部分覆盖），此时我们看到的非重叠部分的红色图形的面积和黄色图形的面积，哪个更大？

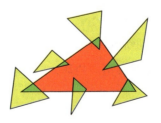

游戏目的：培养学生应用数学知识的能力。

游戏解答：非重叠部分的红色图形和黄色图形都已成为不规则图形，要判断谁的面积大，我们可以从整体来思考——原来红色和黄色两个三角形是全等三角形，都去掉重叠的部分便可。这里我们于无形中学到了新的知识：等量减去等量，其差相等。

所以，非重叠部分的红色图形的面积和黄色图形的面积一样大。

> 评：不论怎么重叠，红色图形的面积和黄色图形的面积都一样大。对于小学生来说，这就是"好玩"。"好玩"的前提是"慧思"，整体思维帮助我们解决了"大问题"。

2. 玩好

解　环

游戏器具：准备下图所示的 4 组三节封闭的圆环。

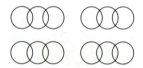

游戏玩法：现在要打开一些圆环，把 12 个圆环连成一个首尾相接的圆周。要打开某一圆环需要花 2 元，每接上一个圆环得花 3 元。你能只花 15 元钱，解决这个问题吗？

游戏目的：培养学生的创新思维能力。

游戏解答：下图中每个箭头指向的环，打开和接上各一次，花了 5 元钱，三次共花 15 元钱。

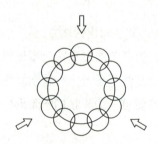

> 评：谁都会解决这个问题，但多数人会花掉20元来解决这个问题。不妨将这道题改成填空题让学生做做看！

3. 玩转

黑红相间

游戏器具：准备任意6张黑桃和6张红心扑克牌。

游戏玩法：把6黑6红共12张扑克牌按某种顺序排好，牌背朝上。表演者从最底下抽出一张放于桌上明示，黑色；然后把此时最底下的一张牌抽出置于最上面，仍牌背朝上；再从最底下抽出一张放于桌上明示，红色。依次操作，直至游戏结束，桌面上的牌为黑色、红色、黑色、红色相间排列。请给出牌的原始排序。

游戏目的：培养学生的符号意识和数学应用能力。

游戏解答：圈码数字代表扑克牌排序，"+"代表黑色，"−"代表红色。可作如下推理（①为牌底的牌，⑫为牌顶的牌）：

①②③④⑤⑥⑦⑧⑨⑩⑪⑫

+

③④⑤⑥⑦⑧⑨⑩⑪⑫②

−

⑤⑥⑦⑧⑨⑩⑪⑫②④

+

⑦⑧⑨⑩⑪⑫②④⑥

−

……

依次操作，对照①②③④⑤⑥⑦⑧⑨⑩⑪⑫，有＋＋−−＋−−−＋＋−＋，即黑、黑、红、红、黑、红、红、红、黑、黑、红、黑。

游戏拓展：

（1）将扑克牌改为黑桃 A—K 共 13 张，操作方法如上，桌面上出现 A，2，⋯，K 排列，请给出原始排序。

（2）将扑克牌改为黑桃 A—K 共 13 张，操作方法改为：第 1 张出现 A，把此时最底下的一张牌抽出置于最上面，仍牌背朝上；再从最底下抽出一张放于桌上明示，出现 2；把此时最底下的两张（一张一张抽）抽出置于最上面，牌背朝上；再从最底下抽出一张放于桌上明示，出现 3。依次操作，见到几就一张一张抽出几张置于牌顶，直至游戏结束。桌面上出现 A，2，⋯，K 的排列。请给出原始排序。

（3）随机给一串不带 0 的数字（如 142857369），是否能做到依数字之序，"见几就抽几张上来"呢？

答案：（1）AQ283J495K6（10）7；（2）A825（10）3QJ9476K；（3）A94876325。

> 评：游戏拓展（1）可以改编成一道中考选择题，如原始排列的第 2 张是：A.J；B.Q；C.9；D.6。游戏拓展（2）也可以改编成一道高考填空题，如原始排列的第 2 张是（ ）。适合小学生的扑克游戏，竟然玩出了中考题和高考题！

4. 玩味

思路不要跟狗跑

我国著名数学家苏步青在访问德国时，一位数学家给他出了一道题：

甲、乙两人同时从相距 100 千米的两地出发，相向而行。甲每小时走 6 千米，乙每小时走 4 千米。甲带了一条狗，狗每小时跑 10 千米。甲与狗同时出发，狗碰到乙的时候立即掉头往甲的方向跑，碰到甲后，又掉头往乙的方向跑，直到甲、乙两人相遇为止。问：这条狗一共跑了多少千米的路？

苏步青略加思索，很快就解出了这道题。你知道他是怎么想的吗？

这道题最让人迷惑不解的是那只狗。

我们完全有能力计算出第一次狗与乙相遇的时间，进一步算出此时狗跑了多少千米；接下来再计算出狗与甲的距离，类似地再算出狗第一次掉转头往甲这边跑与甲相遇的时间，进一步算出狗跑了多少千米……这样的计算方式繁杂，而且好像"没有尽头"。

如果我们的思路跟着狗跑，就上当了！

当狗在做变向跑动的同时，人在相向而行。甲、乙两人之间的距离（100千米）、他们的速度（甲每小时走6千米，乙每小时走4千米）都是已知的，他们相遇的时间就是一个不变的量。我们可以抓住这个不变量，去求狗跑的路程，而不是把解题思路跟着狗的跑动去想。

苏步青教授是这样想的：

已知狗每小时跑10千米，只要知道狗一共跑了多长时间，就可以求出狗跑了多少路程。狗与甲同时出发，同时停止，甲走的时间就是狗跑的时间。甲、乙两人从出发到相遇，共需要100÷（6+4）=10（小时），所以狗跑的路程是10×10=100（千米）。

真是妙不可言！其巧妙之处就在于，狗跑的时间是借助于甲、乙两人相向而行的间接条件给出的。苏步青教授就是抓住了这个不变量，很快发现：狗跑的距离正好是甲、乙相距的距离，即100千米。

这种巧妙的思路，能帮助我们去思索更多的问题，比如：

小华倒满一杯牛奶，他先喝了一杯牛奶的 $\frac{1}{6}$，然后加满了水；又喝了这杯牛奶的 $\frac{1}{3}$，再倒满水；又喝了半杯，加满水，最后把一杯都喝了。请问：小华喝的牛奶多还是水多？

如果我们用通常的算法，思路围绕着"牛奶"转，算出每次喝了多少牛奶、多少水，这个问题就变复杂了。通过分析我们可以发现：题中有一句"最后把一杯都喝了"，这句话就等于说"小华喝了一杯牛奶"。"小华喝了一杯牛奶"是一个不变的量，不管小华如何倒水，到最后，还是把一杯牛奶喝完了。于是，我们只要计算小华喝了多少水就可以了。

小华共倒了三次水，第一次倒了 $\frac{1}{6}$ 杯水，第二次倒了 $\frac{1}{3}$ 杯水，第三次倒了 $\frac{1}{2}$ 杯水，总共倒了 $\frac{1}{6}+\frac{1}{3}+\frac{1}{2}=1$（杯）。

所以，小华喝了一杯牛奶、一杯水，他喝的牛奶与水一样多。

变量常常"变幻莫测"，一旦抓住了不变量，以不变应万变，问题往往会迎刃而解。

评：这道题中有数学家的故事，有整体思维的巧思，有"变与不变"的辩证分析，"难题"的破解方法，让学生又"长了一智"。

三、小学（4—6年级）

1. 好玩

M 环

游戏器具：准备下图所示的 M 环器具。

游戏玩法：请将上图中的 M 环解开成右图的样子。

游戏目的：培养学生的观察能力和平面空间观念，培养平移、旋转、调整能力，体验数学探索之趣。

游戏解答：略。

评：成人玩 M 环，也是兴趣盎然，玩不出来时更是爱不释手，更何况小学生呢！

2. 玩好

滚动的积木

游戏器具：一块正方形的积木（或骰子），积木的各个面上分别标有 1、2、3、4、5、6，共 6 个数字，其中 1 的对面是 6，2 的对面是 5，3 的对面是 4（如下图）。再准备一张带格的纸板。

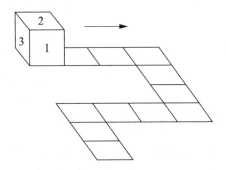

游戏玩法：不动手，动脑想：沿着箭头的方向翻动积木，最后朝上的面是几？

游戏目的：培养学生的空间想象能力。

游戏解答：自己动手操作一遍，就知道最后朝上的面是 5。

评：别小看这道小趣题，把它变成一道高考填空题，绝对能放倒一大片学生！因为考试时没有积木，做填空题也不能花掉太多时间，所以"玩好"此题并不易。教师可以悄悄将此题"混入"高三的某次小测中，统计一下得分率。

3. 玩转

十个空瓶子

一次参加一位老师的婚宴，宴会上，我见桌上摆着不少饮料瓶，突然想起儿时曾经玩过的一道智力游戏题，便给同桌的同仁出了一道题：今有10个空瓶，每3个空瓶能换1瓶饮料，你最多能喝多少瓶？

教语文的蒋老师的上小学的孩子抢先答道："最多能喝3瓶。"蒋老师听后很认真地指正道："不对，应该是4瓶！换回的3瓶饮料喝完后还可以再换1瓶！"同桌的其他老师们也都默许最后能喝4瓶的结论。

我正想启发一下，晚来的教政治的林老师不让。他听明白了问题后，想了一会儿，忽然叫了起来："有了！可以'借'饮料喝！"边说边顺手拿了邻桌的1瓶饮料，故作喝状，说："借的这瓶喝完，共喝了5瓶。此时，共有3个空瓶，再换1瓶饮料，还给人家。"说着又顺手把刚才从邻桌"借"来的饮料"还"了回去。

全桌人听明白后很自然地鼓起掌来，说等会儿要"奖励"他多喝1瓶。这个小插曲活跃了整个婚宴的气氛，也为邻桌所好奇。

"借"了，喝了，凑3，再换，再还，是这道题的价值所在。

后来在一次全省性的数学教师课程改革培训活动中，为了讲透如何引导学生"揭示数学问题的本质"，我给出了上面提到的"空瓶问题"，老师们很快就给出了能喝5瓶的方法和结论。我顺势追问了一句："有99个空瓶呢？"会场一下子静了下来，培训的老师们纷纷埋头计算：33，11，3，1，1，相加得出：能喝49瓶。

我佯装高兴，又追问了一句："有9999个空瓶呢？"会场又安静了下来。过了几分钟，我小声地说了一句"完了"。老师们以为我在问是否答完，便答道"还没有"。我心想，老师们如果也抓不住问题的本质，很难相信他们能引导学生"揭示本质"，可不就"完了"嘛。

我开始启发他们：

这个问题的本质是，每2个空瓶就能换1瓶饮料。我们可以将每2瓶"凑对"，这样很容易把 9999 凑成 10000÷2-1=5000-1=4999（对），多了 1 个空瓶。按"每 2 个空瓶就能换 1 瓶饮料"的解题思路，能喝 4999 瓶饮料。

事实上，若有 n 个空瓶，则能喝 $\frac{n}{2}$ 瓶。其中 $\frac{n}{2}$ 取整数部分。

老师们听我"揭示"答案后，恍然大悟，深感"揭示数学问题本质"的重要性。

有趣的是，2006 年高考全国卷 I 文综试题中居然出了类似的问题：

有一道趣味智力题：某商店出售汽水，每瓶 1 元，每 2 个空汽水瓶可以换得 1 瓶汽水，但不可以兑换现金。使用 10 元现金，通过购买、换领、借入汽水并归还等方式，最多可享用 20 瓶汽水。回答 24—25 题。

24. 在获取这 20 瓶汽水的过程中，出现的经济现象包括

①商品流通　　②易货交易　　③货币支付
④货币借贷　　⑤非现金结算

A.①②③　　　　　　　　　　B.①③⑤
C.①②④　　　　　　　　　　D.②③⑤

25. 在这道趣味智力题中，能否得到正确答案，主要取决于

①逻辑思维的严密性　　　　　②形象思维的随机性
③理性认识的创造性　　　　　④感性认识的可靠性

A.①②　　　　　　　　　　　B.①③
C.②③　　　　　　　　　　　D.②④

（正确答案：24.A；25.B。）

上面提到的林老师一见此题，惊呼："校长出过这道题！"

> 评：玩，从"自然到自觉"，就能从"好玩"走向"玩好"再进入"玩转"。"深度玩耍"，此为一例。

4. 玩味

猜中第 5 张

游戏器具：准备一副扑克牌，去掉大小王。

游戏玩法：表演者让观众洗牌，随机抽出 5 张扑克牌交给助手，助手看后依次将其中的 4 张牌牌面朝上置于桌面上，第 5 张牌牌面朝下，表演者能准确地说出第 5 张牌的花色和点数。你知道其中的奥秘吗？

游戏目的：理解抽屉原则、排列组合、对应等知识，培养学生的观察能力。

游戏解答：本游戏的关键在助手的配合。

（1）根据抽屉原则，任何 5 张牌，至少有 2 张同花色。如果这 2 张点数差小于 7，则助手将第 1 张放点数小的，否则就放点数大的。例如，图 1 中的 5 张牌，助手应将第 1 张放方块 A。

图 1

又如，对于图 2，助手应将第 1 张放黑桃 Q。

图 2

（2）助手放完第 1 张牌后，就暗示表演者最后一张的花色与第 1 张的一样。

（3）第 2、第 3、第 4 张扑克牌按下列原则排序：不同花色，按"黑桃＜红心<梅花<方块"排序，小的在前，大的在后；同花色按点数排序，小的在前，大的在后。

对应关系：第2、第3、第4张牌若按从小到大的顺序，则对应1，设为$(x, y, z) \to 1$。规定$(x, z, y) \to 2$，$(y, x, z) \to 3$，$(y, z, x) \to 4$，$(z, x, y) \to 5$，$(z, y, x) \to 6$。这等于告诉表演者从第1张牌的点数按图3顺时针方向往前走的步数，这样表演者就能知道最后那张牌的点数了。结合前面已经知道的花色，就能知道第5张牌的牌面。

举例：对于图1，助手在方块A后应依次放梅花5、红心9、黑桃10，第5张就是方块7。对于图4，助手在黑桃Q后应依次放梅花7、梅花9、红心5，第5张就是黑桃3。

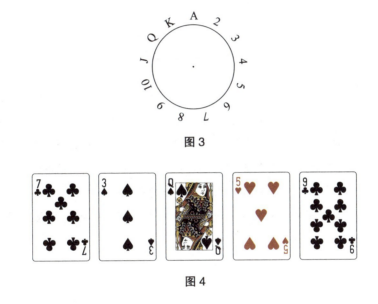

图3

图4

评：我不知道一个高年级的小学生玩此游戏会带来什么，但我想说，如果我读小学时，有人和我玩这样的扑克游戏，我对数学的热爱至少会提前三年，我的数学水平也许还会提高一些！

四、初中

1. 好玩

地毯修补

游戏器具：准备一块与下图中尺寸一样的纸片（单位：厘米）。

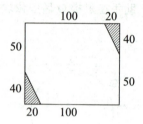

游戏玩法：甲有一块120厘米×90厘米的长方形地毯，可是其中2个对角磨损了，必须将其剪掉（图中的斜线三角形部分）。甲想把地毯变成正方形，所以，他打算把缺了两个角的地毯剪成2块，然后再缝成一个正方形。工人便按照甲所要求的条件，将地毯剪成2块，拼成了正方形。请问，工人是如何办到的呢？

游戏目的：培养学生的计算能力、观察能力和思维能力。

游戏解答：切掉两个对角后的地毯的面积为10000厘米^2，则正方形的边长为100厘米，切割成如下图形，就可以拼接成正方形了。

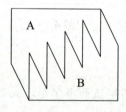

> **评**：这道题可以成为一道开放题，让学生去探索，看看全班学生谁能第一个"修补"成一个正方形。

2. 玩好

马能跳回原位吗

象棋，是使用红、黑两组棋子，模拟两军交战的传统智力竞技游戏。

我喜欢象棋，也常跟一些老师们下棋，为此常常引来一些老师和学生观战。但有时也会有一些小朋友在旁边"叽叽喳喳"。一次和一位老师下棋时，几个喜欢在旁边"叽叽喳喳"的小朋友又来了。为了不让他们"打扰"我们，我想到了一个与象棋有关的问题。

我问他们："马跳9步能跳回原位吗？"

我本来想问："马跳7步能跳回原位吗？"但又怕小朋友们太快得出结论，影响我们下棋，就变成"马跳9步"。

小朋友们听后拿出棋盘在附近的阅览室"跳"了起来。

我心想，无论他们怎么"跳"，马都不可能跳回原位。这样他们就不会来打扰我们，我们就可以安心地"战斗"了。

为什么马跳9步跳不回原来的位置呢？

我们可以在棋盘上建立一个直角坐标系，并设这匹"马"所在的位置 P 的坐标为 (x_0, y_0)，那么，马跳一步后的位置的坐标应为 (x_0+x_1, y_0+y_1)，这里的 x_1 和 y_1 只能是 1、-1、2、-2 这四个数中的一个。（想一想，为什么？）

同样，跳第二步后，马位置的坐标应为 $(x_0+x_1+x_2, y_0+y_1+y_2)$，这里的 x_2 和 y_2 也只能是 1、-1、2、-2 这四个数中的一个。马跳9步后，新位置的坐标为 $(x_0+x_1+\cdots+x_9, y_0+y_1+\cdots+y_9)$。如果这时马又回到原位置 (x_0, y_0)，那么

$$x_0+x_1+\cdots+x_9=x_0, \quad y_0+y_1+\cdots+y_9=y_0 \qquad (1)$$

即

$$x_1+x_2+\cdots+x_9=0, \quad y_1+y_2+\cdots+y_9=0 \qquad (2)$$

式（1）、（2）相加，有

$$(x_1+y_1)+(x_2+y_2)+\cdots+(x_9+y_9)=0 \qquad (3)$$

由于式（3）中的18个数都只能取 1、-1、2、-2，而且每跳一次的坐标之

和不可能为2和–2，因此，x_1+y_1，x_2+y_2，…，x_9+y_9 九个数只能取1、–1、3、–3。但是不论怎样取，由于奇数个奇数相加为奇数，所以这样取出的九个数等于0是不可能的。所以马跳9步不可能回到原位。

通过上面的分析，我们还可以知道：不仅马跳9步不可能回到原位，只要这匹马跳奇数步，都不可能回到原位。如果这匹马跳了一定的步数后回到了原位，那么它跳的步数必定是偶数。

> 评：有故事，有游戏，有数学。数学方法帮助我们"悟透"问题，玩出"精彩"。

3. 玩转

反序求变对牌

游戏器具：准备两副扑克牌，各自去掉大小王。

游戏玩法：牌背为红色的扑克牌红心A—K，共13张；牌背为蓝色的扑克牌红心A—K，共13张。把这26张扑克牌交叉洗牌一次，可以把交叉洗牌后的牌面给观众看。之后牌背朝上，可见颜色混杂。将26张牌牌背朝上置于桌上。表演者请观众选择要红色牌还是要蓝色牌，然后翻出一张牌，表演者就能从牌背朝上的牌中找出同样的一张牌。

游戏目的：感受排序、反序和对应，体验周期和广义对称，培养学生的推算能力、想象能力和思维能力。

游戏解答：备好扑克牌（如下页图所示），其中梅花A—K做序号用。第一行为牌背为红色的扑克牌红心A—K，共13张；第三行为牌背为蓝色的扑克牌红心A—K，共13张。

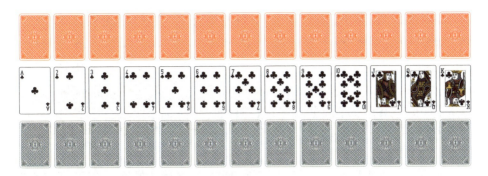

把扑克牌按下图摆放：第一行的第 n 位，对应第三行的第 $3n$ 位。如第一行的红心 A 是第 1 位的，但在第三行就在第 3 位；第一行的红心 6 是第 6 位，在第三行就在第 18 位（超过 13 的就从头循环）。

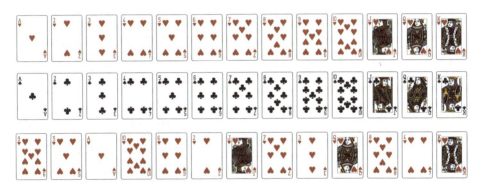

取牌顺序：第一行从左到右一张一张往上放，第三行从右到左一张一张往上放（见下图）。

将上图的牌反过来，牌背向上。左手持红色牌，右手持蓝色牌，交叉洗牌后，从左到右摆放成下图。

若观众选择牌背为红色的牌，表演者就按红色牌的位置的"反序且3倍"在蓝色牌中寻牌。比如，红色牌的第3张（左边那张红心3牌背为红色）对应蓝色牌的第9张（如下图）。

若观众选择牌背为蓝色的牌，表演者就按蓝色牌的位置的"反序且3倍"（每三张算一位）在红色牌中寻牌。比如，蓝色牌每三张算一位（右边那张红心6牌背为蓝色），蓝色牌是第6位，则对应红色牌的第6位（即左边那张红心6）（见下图）。

游戏说明：这是扑克游戏"两副牌合洗"的升级版，表演者熟练后可以让第一行的牌"乱序"，不一定从A—K，可以是A—K的任意一种排列，相应的第三行是第一行的"反序且3倍"，这样的表演更会让观众"眼花缭乱"。

评：这个游戏，可以从三年级玩到初中，小学低年级学生可以玩顺序和反序，小学高年级学生可以玩乱序，初中生则可以玩"反序＋乱序＋对应"。游戏的"升级版"也是数学应用的"升级版"。

4. 玩味

剪拼正方形

游戏器具：如下图所示的两个正方形纸板，准备一把尺子和一把剪刀。

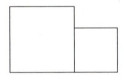

游戏玩法：把两个正方形剪拼成一个大的正方形，要求剪的块数最少。
游戏目的：培养学生的计算意识、图形识别能力和思维能力。
游戏解答：

游戏拓展：想一想，还有没有新的剪拼方法？

评：还是有新解法的，感兴趣的读者可以试试看。

类似的，有一道奥数题：n 个大小不尽相同的正方形，经过直线切割有限刀后，能否拼出一个大的正方形？这道题初看不知如何下手，其实关键是"2 拼 1"，若能解决，再用数学归纳法就能彻底解决了。

五、高中

1. 好玩

暴露几个面

游戏器具：准备一个木制的正三棱锥和一个正四棱锥（见下图），它们不但各自的棱相等，而且正三棱锥的棱与正四棱锥的棱也相等。

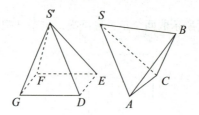

游戏玩法：如果把它们的一个侧面粘合在一起，构成一个几何体，这个几何体有几个面？

游戏目的：培养学生对立体几何的感受、想象能力和思维的严谨性。

游戏解答：粗略一想：正三棱锥有4个面，正四棱锥有5个面，粘合成一个面后，还有7个暴露面。其实这是不正确的，因为粘合后原正三棱锥的一个面（即下图中的 △SBC）与原正四棱锥的一个面（即下图中的 △S'EF）拼成一个面。下图中的正三棱锥 S-ABC，可以看成有一条公共棱 ED（CA）重合的两个正四棱锥 S'-DEFG 与 B-HICA 的两顶 S'、B 连线后与侧棱 S'A、S'C、BA、BC、AC 构成的几何体，可见 △S'DG 与 △SAB 也在一个平面上，所以一共只有5个暴露面。

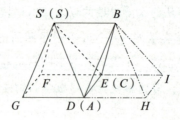

评：这道题曾是美国的一道统考题，命题者拟订的标准答案是7个暴露面。佛罗里达州可可海岸中学学生丹尼尔的回答是5个暴露面，被判为错。在他提出申诉之后，命题者才发现标准答案有误。其实，这道题用到的数学知识并不多，更多的是"好玩"，玩的是数学直觉、数学想象和简单推理。数学慧眼看问题，只要用心，就一定能看出更多有趣的现象。

2. 玩好

"握草"游戏胜算几何

一次课上，我出了一道题：我手里握有6根草，漏出草头和草尾，然后请一名学生将6个草头两两相接，6个草尾两两相接。我松开手后，6根草恰好连成一个环的胜算有多大？

所谓胜算有多大，其实就是计算恰好连成一个环的概率。

张嘉龄是班里的数学科代表，他对此题的分析如下。

先求基本事件：6个头两两相接，相当于将6个草头平均分成3组，有 $\dfrac{C_6^2 \cdot C_4^2 \cdot C_2^2}{A_3^3}=15$ 种，相应的6个草尾两两相接也有15种，所以基本事件的总数为 $15 \times 15 = 225$ 种。

再考虑成环的情况：先把6个草头两两相接，有15种接法，6个草头中，两草头相接的草尾就不能相接，其中一个草尾只能再与另一组中的某一个草尾相接，而另一个草尾只能再与其他组的两个草尾中的一个相接，所以连成环共有 $15 \times 4 \times 2 = 120$ 种，所以恰好连成一个环的概率为 $P = \dfrac{120}{225} = \dfrac{8}{15} \approx 0.5333$。

林威的数学也还行,只是比较"懒",他给出了一种"懒"的解法:

先保证草头按要求连接好,我们只考虑草尾就行了。6个草尾两两相接有15种,由张嘉龄的分析可知,能够成环的共有4×2=8种,所以恰好连成一个环的概率为 $P=\dfrac{8}{15}$。

林琛觉得林威借用了别人的成果(张嘉龄的分析成果"4×2"=8),不太服气,说:"你站在'巨人'的肩上啦。""你还有更好的解法吗?"林威在激林琛。林琛一时答不上来。

那天晚上,林琛给我发了条微信,把她的"更好的解法"发过来了。解答正确,而且思路独特!

第二天上课时,我特意地请林琛上台讲解她的解答思路:

6根草恰好连成一个环,即将6根草顺次连成一个圈,简单地说就是全排列,共有 $\dfrac{A_6^6}{6}=120$ 种,所以恰好连成一个环的概率为 $P=\dfrac{120}{225}=\dfrac{8}{15}$。

我特地朝林威看去,林威露出钦佩的眼神。林威虽然钦佩林琛的解法,不过下课时还是走到讲台找我,说:"林琛也'站在巨人的肩上',她用了嘉龄的225。"我说:"225容易算。"林威辩解道:"4×2=8才更容易算。"我笑着说:"好啦,好啦,你们都别争吵啦,你们都是好样的!"

> 评:很多数学游戏问题的玩法或解法是可以不断优化的,优化的过程就是"玩好"的过程。

3. 玩转

猜一组牌

游戏器具:准备任意20张扑克牌。

游戏玩法:把20张扑克牌分成10组,每组2张,排在桌上。观众认定其中的一组，并记住这 2 张牌。

表演者将牌一组一组按序收起（牌面朝上），并按下图编号顺序放牌。

1	2	3	5	7
4	9	10	11	13
6	12	15	16	17
8	14	18	19	20

只要观众说出他认定的牌在哪一行或哪两行里，表演者就知道是哪两张牌。你知道其中的秘密吗？

游戏目的：培养学生的观察能力、推理能力和记忆能力。

游戏解答：某组牌的位置情况如下：

（1）若在某一行里，有 4 种情况：①第一行在第一、第二列；②第二行在第二、第三列；③第三行在第三、第四列；④第四行在第四、第五列。

（2）若在某两行里，有 6 种情况：①第一、第二行在"一3二1"（即第一行的第三列、第二行的第一列，后面类似）；②第一、第三行在"一4三1"；③第一、第四行在"一5四1"；④第二、第三行在"二4三2"；⑤第二、第四行在"二5四2"；⑥第三、第四行在"三5四3"。

游戏说明：《数学游戏与欣赏》一书给出这类问题的一般情况和证明方法，感兴趣的读者可参阅。

> 评：游戏的价值是多元的，其中让玩者"探索一般情况及其原理"应该是"价值高"的一类。本题没有给出"原理"的证明，只是应用了"原理"，这样就能激发一些学生当下或未来去证明这个"原理"。

4. 玩味

七个不等圆

游戏器具：准备7个大小不等的圆。

游戏玩法：将这7个圆一个挨一个地放在一条直线上，它们所占用的直线段何时最长？何时最短？

游戏目的：培养学生的试验能力、探索能力、分类能力和思维能力。

游戏解答：通过试验测量可以得出结论。

七个大小不等的圆规则摆放，距离最长：

七个大小不等的圆不规则摆放，距离最短：

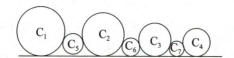

> 评：有些游戏，其价值不在于它怎么玩出来，而在于学生在玩的过程中想到了什么，能否带着数学家的眼光来看待问题。要彻底解决这个问题，实属不易！这里给出的"解答"，只是其中的两种——规则摆放和不规则摆放中的一种，读者可以自己去测量一下。
>
> 其实，7个大小不等的圆共有 $7!=5040$ 种摆放方式，考虑到左右的对称性，也有 $5040\div 2=2520$ 种摆放方式。通过一一测量来比较大小，很费力——当然可以让计算机处理。但对学生而言，提出"我们有没有更好的数学方法来解决这个问题呢"，也许比解决这个问题更有意义！

第七章
"数学玩育"的实施

"教育理想高于天,落地方有百花园。""数学玩育",如何落地?在我看来,可以从五个方面"融入":一是融于课堂教学,二是融于课后服务,三是融于亲子互动,四是融于开放空间,五是融于诗意行走。

"数学玩育"的实施,体现一种"自觉地自然"的玩。自觉,是教师有"玩育"之心;自然,是合情合理地"玩起来"。"玩育"总体是一种"滴灌",要"细水长流",持续地玩下去,不宜一次坑太多。

一、融于课堂教学

许多数学趣题的背后,多有深刻的数学原理。数学教师可以充分利用趣题中所蕴含的数学原理,巧妙结合课堂教学,将趣题或作为引入课题的"创设情境"之用,或在课堂中用于活跃课堂氛围,或于课堂结尾时给出为后续教学做铺垫。

1. 趣玩于讲授新课之前

结合授课的内容,收集与授课内容有关的趣味材料,在上新课之前介绍一些古今中外数学家的故事或有趣的数学知识以及做数学游戏等,在此基础上引导学生去探索新知识,自觉获取知识。如"尺测瓶积"渗透"整体思维",可为新课"数列倒序求和"做铺垫。

尺测瓶积

游戏器具:准备一把带刻度的尺子和一个带有橡胶瓶盖且装有水的瓶子。

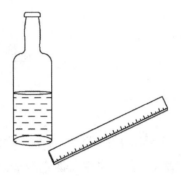

游戏玩法:请用这把尺子"测出"上图中已盛有一部分水的瓶子的容积。

游戏目的:培养学生的整体思维能力和创新思维能力。

游戏解答:图中的瓶子,下半部呈圆柱状,盛水部分显然是一个圆柱体,因此在测瓶子容积时,可以先测量出瓶子里所盛水的体积。用尺子量出瓶底圆的直径 d(算出半径 r)和水面的高 h,盛水部分的体积是 $\pi r^2 h$。

水面以上的空腔的容积怎么算呢?瓶颈以上是不规则的几何体,没有现成的公式可以计算其容积。如果把瓶子倒过来放置,此时,水都集中到下面的瓶颈里,上面的空腔又呈圆柱状。只要量出空腔圆柱的高 h',仍用底面积乘高的计算方法,不难求出空腔的容积($\pi r^2 h'$)。这样,瓶内水的体积加上空腔的容积,就是整个瓶子的容积。

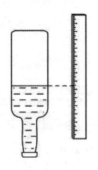

2. 趣玩于概念教学之中

正确理解数学概念是掌握数学知识的前提。教师在进行概念教学时，既要把课上得生动有趣，又要让学生理解透彻、记忆牢固、应用灵活。教师在备课时应注意不失时机地引发学生的兴趣，才能收到良好的效果。教学中可用直观演示法揭示数学概念，用以旧引新法引出和形成新的概念，用比较法或对比法区别容易混淆的概念等，既可以活跃课堂气氛，激发学生的兴趣，又可以训练学生的智力。如游戏"最后出现"就可以在讲"素数"时，师生一起玩。

最后出现

游戏器具：从一副扑克牌52张（去掉大小王）中取出7张，最好是同花连号，如红心A、2、3、4、5、6、7。

游戏玩法：观众洗牌，然后表演者再洗牌，牌背朝上。此时表演者偷看一眼最下面的一张，假定是红心A。

表演者请观众说出1—6之间的任意一个数。假定观众说4。现在让观众从这叠牌的上面数出3张，一次一张，放到整叠牌的下面，然后将最上面的牌翻转。翻转前表演者"预言"这张牌不是红心A（事实证明它果然不是）。然后请观众把这张牌牌面朝上放到这叠牌的下面，重复操作6次，每次观众翻转的牌都不是红心A。6次后只剩一张牌牌面朝下，表演者此时可以说："红心A不到最后一刻不会出现。"之后翻转这张牌，果然是红心A。

游戏目的：让学生感受素数，培养具体操作能力和分析能力。

游戏解答：这个游戏的唯一要求是牌的张数是素数。

本游戏中是7张，3、5或11张牌同样有效（如果数目过大，会让游戏变得沉闷）。假设扑克牌数是11，观众选取的数为1~10。假定观众选4，扑克牌的张数是11，必须重复多少次4才能得到11的倍数？4，8，12，16，20，24，28，32，36，40，44，共11次。如果观众选6呢？6，12，18，24，30，36，42，48，54，60，66，又是11次。事实上，不论选几，都是11次。

只要扑克牌的张数是素数 P，到达这叠牌最下面一张所需要的循环数总是 P。换言之，最后翻转的牌总是最下面的那张。

3. 趣玩于命题（公理、定理、公式）教学之中

数学中公理、定理、公式的教学，首先应使学生认识它的条件和结论，然后掌握它的证明方法以及如何来进行推理和解决实际问题。在教学时，教师可根据命题的特点，将枯燥难记的数学定理、公式或法则编成朗朗上口的顺口溜，这样既便于学生记忆，又增加了兴趣。例如，对于互余和互补的角的三角函数关系，可以利用顺口溜"纵变横不变，符号看象限"来记忆。

数学诡辩题，由于错误地运用基本概念或错误推理从而得出错误的结论，本身带有浓厚的趣味性。教师通过对这类错误命题的教学，让学生讨论、辨别，可以进一步帮助学生理解所学知识，还能发现学生在知识上存在的漏洞，以便及时进行弥补，从而培养学生更加扎实地学习数学的学风。

诡辩题 $a>a$

证明：$a>a$（a 为实数）。

解：设 $a>0$，任取一个正数 b，使得 $a>b>0$，于是 $ab>b^2$。

$ab-a^2>b^2-a^2$，即 $a(b-a)>(b+a)(b-a)$。

约去公因式 $b-a$，得：$a>a+b$。

∵ $a+b>a$，

∴ $a>a$。

结论显然不成立，但是它是上述推理的结果，这个推理的问题出在何处？

4. 趣玩于解题教学之中

数学教学的目的之一是培养学生具有分析问题与解决问题的能力。解题

的趣味性，一般可以通过趣味数学题或数学游戏题来激活。数学问题的趣味化，常常使学生感到生活中处处存在数学，做起题来自然就会兴趣盎然。例如，在学完中心对称图形之后，师生可以玩一个"巧放棋子"的游戏。

巧放棋子

游戏道具：准备一些大小不同的圆形棋子和一本书。

游戏玩法：两个人轮流在一本书的封面上不重叠地放一枚棋子，直到放满书的封面。如果以放最后一枚棋子者为胜，那么是先放好还是后放好？怎样才能取胜？

游戏目的：理解中心对称，培养学生的对策意识。

游戏解答：先将棋子放在正中心，以后不论对方怎样放，都把与对方同样大小的棋子放在其中心对称的位置（对方始终给你留下了放相应棋子的位置）。这样便可成为胜者。

5. 趣玩于问题的探索之中

有人说数学是探索的乐土，我很认同这个观点。教师要善于利用学生的求知欲，选择一系列课题，引导学生探索问题的奥秘，激起学生对数学的兴趣和强烈的探索精神。下面是我的一堂数学探索课。

路在何方

出示情境问题：

H 先生准备在 X 市捐建一座圆形公园，并要求在圆形公园的六个角（即正六边形的六个顶点）上各建一个颇具特色的美丽凉亭。H 先生计划通过招标的形式在 X 市的几家建筑公司中选定一家来承建。几家公司都想承建这座别具一格的公园，为此做好了充分的准备。

招标会上，H 先生风趣地说："这次招标会上，我既不考虑技术问题，也不考虑资金问题，这两点待中标后可再具体协商。我只有一个要求：六个凉亭间要修道路，要求从每个亭子出来都能走到其他任何一个亭子。哪家公司能把道路设计得最短，就由谁承建。"

师：我们班共48人，分成12个四人小组，分别代表12家"公司"，现在开始"竞标"。

（生画图探索。）

师：可以"胡思乱想"，但需严格计算。

（教师话音刚落，1、2、3号"公司"几乎同时画出图1，经计算，道路全长为$6a$（a为圆的半径）。4、5、6号"公司"也不甘落后，随即画出图2，经计算也是$6a$。火热的场面平静了下来，静得出奇。）

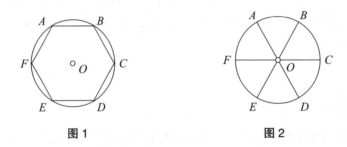

图1　　　　　　　图2

师：（小声）科学需要默默地探索。

（学生一边微笑，一边画个不停。7号"公司"经过冷静分析，画出了图3。）

图3

（教室里顿时活跃了起来，学生纷纷表示"有新意""真妙"。经过计算，仍是$6a$。）

师：能不能突破$6a$的大关？科学有险阻，苦战能过关！

8号"公司":请看我们的设计。(出示图4)

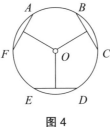

图 4

师:很好,大家再算算看。

(经过计算,全长为 $3a+\dfrac{3\sqrt{3}}{2}a\approx 5.598a$。众"公司"纷纷称赞:"好""妙极了"。)

师:有了突破性进展。

9号"公司":且慢!不必弄得那么复杂。(出示图5)

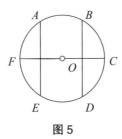

图 5

师:这难道会更短?计算是检验"真理"的唯一标准。

(众"公司"将信将疑,但经过计算,大家吃了一惊,全长为:$2a+2\sqrt{3}a\approx 5.464a$,竟然比8号"公司"设计得还短。"招标"进入了白热化。各"公司"在紧张地寻找新的突破。教室里静得出奇。)

师:条条道路通罗马,哪条道路是捷径呢?真的"山穷水尽"了吗?

10号"公司":(响亮)我们有新的设计,道路最短。

(10号"公司"出示图6,并列有算式:全长为 $9\cdot\dfrac{a}{\sqrt{3}}=3\sqrt{3}a\approx 5.196a$。比9号"公司"设计的短了约 $0.268a$!众生惊愕,继而爆出热烈的掌声。没有"公司"能设计出更短的道路了,10号"公司"中标。)

第七章 "数学玩育"的实施 159

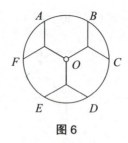

图 6

师:路短且美,曲径通幽。这是科学的力量,这是智慧的结晶。数学本来就是美的嘛。当然,这个问题的探索还没有结束,同学们还能设计出全长更短的道路吗?或者能证明 10 号"公司"所设计的道路是最短的吗?

众所周知,初三的课时很紧张,我在教学时常常"挤"一些课时出来上一些探索课,学生兴趣盎然,爱学数学,觉得学数学不是一种负担,而是一种需要、一种乐趣,这是求知的需要,是探索的乐趣。学生在探索中,创新精神和创新能力也不断得到提高。我想,这就是素质教育。

这节课后的第二天,班上的一个学生说他有更短的设计方案,即教学实录的图 1 中去掉线段 AF,全长为 $5a$。我惊了!我的情境问题有一个严重的漏洞,有可能被学生钻了"空子"。我向这位同学表示祝贺并给予极大的鼓励,同时修补了原问题——要求在公园中心再建一个亭子。

6. 趣玩于一堂课(或一章节)结束之时

教学中,在将要结束对知识的讲授时,应留一个"尾巴",使学生感到言而未尽,以引起他们探讨"未尽"(新知识)的兴趣,为今后的学习和研究奠定基础。例如,在学完一元二次方程的根与系数的关系后,教师可以引趣:"一元三次方程是否有类似的情况?一元 n 次方程呢?"寥寥数语,常常会激发使某些数学能力较强的学生去探索,去钻研,甚至一连好几天苦思冥想。陈景润当年不就是听了老师讲课之余的一席话,才致力于研究哥德巴赫猜想的吗?又如,讲完数列后,可以让学生玩"三维图形数",引导学生探索具有挑战的数列问题。

三维图形数

游戏器具：准备下图中的各色小球。

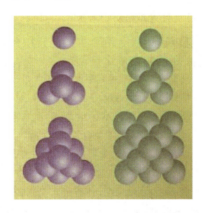

游戏玩法：先按图中所示逐一摆出三个面的金字塔球和四个面的金字塔球，你能继续给出之后的数吗？

游戏目的：培养学生的推算能力和归纳能力。

游戏解答：三个面的金字塔球数为：1，4，10，20，35，56，84，…一般情况是 $\frac{1}{6}n(n+1)(n+2)$。四个面的金字塔球数为：1，5，14，30，55，91，140，…一般情况是 $\frac{1}{6}n(n+1)(2n+1)$。

7. 趣玩于课堂"间隙"

课堂是什么地方？我们可以"头脑风暴"一下：课堂，是守望幸福的地方，是与美相遇的地方，是春暖花开的地方，是释放心灵的地方，是点燃激情的地方，是智慧碰撞的地方……

教师完全可以利用课堂"间隙"，随意地、自由地步入"趣玩"之境，目的就是激趣——活跃课堂气氛，或是启智——让课堂成为思维的乐园，或是育情——让课堂富有诗意……

一道题引发的风波

某校招收特长生，报考者众多。考生的成绩由笔试、面试、特长测试三次考试分数组成，从高分到低分录取。

在笔试题中，有这样一道题：有两个水桶，容积分别是 3 升和 7 升。它们起初都是空的，但有一个能无限提供水的水龙头，你能只用 4 次，在一个大盆中盛入 15 升的水吗？

好多考生发现用 4 次倒不出 15 升水，此题 5 分没得到，最终因差了几分而未被录取。

几位心急的家长找知情者询问此题答案，知情者说了原来的答案：将 3 升、7 升的圆柱形水桶都装一半水，方法是倾斜容器，使注入的水的水面保持在容器底部的上边缘和容器顶部的下边缘所在的平面上。这样就分别倒出 1.5 升的水和 3.5 升的水，共 5 升水，再将 3 升、7 升的水桶装满水全部倒入，便用 4 次就使大盆中恰好有 15 升水。

这几位家长认为题目有问题，因为题目中没有说明水桶是圆柱形的，若水桶为圆台形的，则此题答案就不对。家长要求学校将此题作废，按新的分数重新排序，重新录取，否则就向上级告状，或向媒体反映。

学校和市教育局感到问题的严重性，综合考虑后，该市教育局领导向我求救，希望我给家长们做些"工作"。

我了解情况后，并没有先去做"工作"，而是想看看能否找到另一种正确的解答，避开"圆柱形"这个条件。这样就可以对家长说，不是圆柱形也能解答此题，题目没问题。

因为事情很紧急，那天下午，我满脑子都是水桶"倒来倒去"的影子。人的潜能往往在关键时刻被激活。忽然间，我找到了一种与形状无关的答案！

第一倒：先将 3 升空水桶放入大盆里，7 升水桶注满水倒入 3 升空水桶中，溢出 4 升水在大盆里；

第二倒：将 3 升水桶里的水倒回 7 升水桶里；

第三倒：将 7 升水桶补满水，重复"第一倒"，大盆里有水 8 升；

第四倒：取出 3 升水桶放一边，再将 7 升水桶注满水，全部倒入大盆里，这样大盆里就有 15 升水！

我异常兴奋地打去电话，说不用做"工作"了，只需作"说明"就可以了。

一场"说明会"及时召开，家长听得明明白白，听得心服口服。一场可能产生的风波就这样被平息了。

细心的读者会发现，我在解答时用的是"倒"，其实按原题意，我只需"用"水龙头三次！

其实，还有一种"三倒"的方法：将 3 升水桶桶口朝上放入 7 升水桶中，将 7 升水桶注满水，取出 3 升装满水的水桶，将 7 升水桶里的 4 升水全部倒入大盆里；这样再操作一次，盆里就有 8 升水了；最后将 7 升水桶注满水，全部倒入大盆里。

后来我又担心有人提出题目没说"3 升水桶能否放入 7 升水桶中"，或有人说"取出 3 升装满水的水桶，由于 3 升水桶的桶体会'挤出'部分水，这样 7 升水桶里的水就略不足 4 升"，最后这"三倒"的想法，也就没说出来。

大家也可以想一想，能否将此题编得巧妙些，让"倒法"更巧妙！

"趣玩"此题，可以先讲故事，暂不说破解之策，让学生"思维碰撞"，让学生苦思冥想。如果学生能破解，教师就要高度点赞："你可以去答疑了！"如果学生几天后仍不得解，教师就可以带上桶、盆进行现场演示。我相信，这样的课，学生一定终生难忘。

8. 趣玩于选修课程的课堂

必修课程是全体学生必须修习的课程，并在中学课程中起着重要的作用。但必修课程也有明显的缺点和局限性，这可由其他课程来弥补，选修课程便是其中之一。这里说的选修课程，指学科选修课，主要包含与学科必修课联系较为紧密的知识经验，有进一步巩固文化基础和拓宽学科视野等作用。选修课程是现代中学教育的重要支柱，也是个性化教育的必要条件。

选修课程分必选课和任选课。必选课指同一年级学生必须选择学习的课程，如"学习方法""心理教育""创造教育""劳动教育""环境教育""中学生美学"等。任选课是学生在教师的指导下，按照自己的兴趣、爱好决定选择修习与否的课，如"数学方法论""理科实验""计算机运用""哲学原理""文学作品选读""科技外语""人文地理"等。

"数学趣玩"可以作为兴趣类任选课，学校应统筹规划，有计划地培养、培训和配备"数学趣玩"的师资。暂不具备条件的学校，可先采用专职、兼职、回聘、外聘等方式解决师资问题。

选修课程的教材建设也至关重要，各校应注意选修课教材的购置，如可以选择上海教育出版社出版的《游戏：拍案称奇》，江苏凤凰教育出版社出版的"谈祥柏趣味数学详谈"丛书等。有条件的学校还可考虑自己编写选修课教材，如我编著的《玩出来的数学思维：任勇品玩数学108例》《动手玩的数学益智游戏——思维是可以玩出来的》，我主编的《数学——趣在其中》等，这些书里面就有很多涉及数学智巧、数学推理等的游戏，带有趣玩性。

数学是迷人的乐园，曾使多少探索者流连忘返，如痴如醉；数学是神奇的世界，曾使无数开拓者绞尽脑汁，驻足兴叹！

数学课可以上得很有趣，但现今的数学课能够达到充分激趣、促思境界的还不多。当然，我们绝不能为激趣而激趣，为促思而促思。激趣、促思要有智慧和艺术，贵在用心挖掘，贵在浑然天成。

二、融于课后服务

学校开展课后延时服务，就是为了给家长提供安心、放心、精心的托管服务，让孩子从容成长，不断增进家长和孩子的幸福感。数学趣玩，就可以成为课后服务的特色课程。学校可以将数学趣玩作为一个课程系列，分年级进行系统游戏；也可以按趣玩器具系列组织学生游戏，如"皇后问题"和"枪眼问题"作为一个系列，学生可以从初级玩到高级。

1. 作为课后服务的一个特色项目

2021年，国家对教育课后服务提出新的要求，将其纳入"双减"工作中，明确实施课后服务提质扩面计划，提升课后服务质量，满足学生的多样化需求。

提供有质量的课后服务，即通过辅导学习方法、作业面批、补缺答疑、音体美等特色服务等，可培养学生良好习惯，减轻课外学习压力，满足个性化需要，全面提高义务教育质量。

数学趣玩，动手玩出思维来，坚持做下去，完全可以成为课后服务的一个特色项目。例如，传统的数学益智游戏课程，可以分巧解系列、巧放系列、巧拼系列、巧推系列、巧算系列、巧组系列实施；新研发的数学益智课程，可以按年级系列设置，也可以按难度进行课程设置；数学扑克游戏，可以单独成为一个系列；经典趣味数学谜题，也可以单列。

"数学趣玩"课程尽量由本校教师来承担，这样"课内数学趣玩"就可以有机地和"课后数学趣玩"结合起来，产生更大的整体效应。课内是面向全体的"普通数学趣玩"，课后则是面向小众的"高阶数学趣玩"。本校教师一时无法教授"数学趣玩"课程的，可以考虑购买服务——请第三方进校服务，本校教师旁听学习，学到"数学趣玩"的本原之道，早日实现自己开课。

2. 作为社团活动的一个特色项目

组织和开展学生社团活动，是全面实施素质教育的重要手段，是适应新课程改革的举措，是培养学生能力的重要途径。

开展丰富多彩的社团活动，能够开阔学生的视野，陶冶学生的情操，启迪学生的思维，发展学生的个性特长，全面提高学生的素质。社团活动还能活跃校园生活，促进特色学校建设，营创良好的学校文化。比如，在学校数学组的指导下，可以成立"数学趣玩社团"，定期开展活动，既玩传统数学游戏，又玩现代数学游戏（特别是数学电子游戏）；可以成立专门玩数学扑克游戏的"数学魔术社团"或"扑克游戏社团"等。

3. 作为活动课程的一个特色项目

活动课程是学校为实现培养目标，根据学生的年龄特点和身心发展规律，有目的、有计划、有组织地通过一定的活动项目和活动方式，让学生在参与活动中，培养动手和动脑能力，发展兴趣和特长，全面提高素质的课程。活动课程既能促进学生的全面发展，又能适应个性差异，培养特长学生，还能促进学校形成特色，在整个教育教学活动中发挥着重要的作用。

活动课程的内容，由于不太受课程标准和教学计划的限制，较必修课程有较大的伸缩性和开放性，涉及面广，丰富多彩。活动课程具有方式的实践性、内容的广域性、选择的自主性、形式的灵活性、过程的创造性等特点，因此，活动课程是完善培育核心素养的重要渠道。

把"数学趣玩"纳入学校活动课程，是非常必要的，也是完全可行的。

活动课程的教材（如果需要），可由学校设法购置，学校教师也可自编教材。学校有关部门应保证活动课程的经费、器材、场地等的科学配备。与选修课程类似，活动课程的教师队伍建设至关重要。一般学校多以兼职为主，有条件的学校可配备专职教师，以求在活动课的实践中有所研究，有所建树。

活动课程要体现层次性，根据不同学段给出系列的具体课程，内容由浅入深、由易到难、由简单到复杂。就"数学趣玩"课程而言，小学低年级的学生可玩七巧板、火柴游戏等，小学中年级的学生可玩魔方、华容道等游戏，小学高年级的学生可玩鲁班锁、九连环等游戏，初中生可玩对策类、棋牌类、剪拼类等游戏，高中生可玩组合类、拓扑类、立体类等游戏。

4. 作为微型课程（系列讲座）的一个特色项目

微型课程亦称组件课程、单题课程，是现代课程中的一种新形态。它与人们常说的"讲座"或"系列讲座"有相似之处。

微型课程主要特点有以下几点。（1）短期性：所需课时不多，常以一课时、几课时或十几课时即可完成教学。（2）专题性：微型课程的内容选择范围十分广泛，只要是学习需要的知识领域，均可进入微型课程。（3）灵活性：微型课程的科目设置、教学时间安排、教学方式的采用、教学对象的确定及考核办法等，有很大的灵活性。（4）及时性：微型课程可以及时反映国际上出现的重大问题，国内的新成就，新兴的、边缘的学科，以及新的科技文化成果等。（5）针对性：微型课程往往因时、因地、因学生的具体情况而开设，故有较强的针对性。

学校应充分认识到微型课程在培育核心素养中的功能。学校领导应带头开设讲座，培养一批"开讲"积极分子，树立典型，之后逐步形成教师人人会开讲座，学生人人爱听讲座的氛围。

从"数学玩育"的角度看，"数学趣玩"系列讲座可以按巧解系列、巧放系列、巧拼系列、巧推系列、巧算系列、巧组系列进行，也可以按传统数学游戏系列、新研发数学游戏系列进行，还可以将扑克游戏作为一个系列，分层次进行。

三、融于亲子互动

亲子互动指父母和子女间的相互交往活动，具有血缘性、亲情性、长期性等特点。亲子互动游戏是每一个家长甜蜜的负担，需要体力、时间、心情与智慧。

透过游戏，孩子得以精熟技能、感知周遭世界、建立自我概念、发展人际关系。游戏是儿童的生命，儿童生活在游戏之中；游戏是儿童的权利，儿童在享受游戏中不断创造游戏；游戏是儿童的精神家园，是儿童自创的文化形态。

数学趣玩可以作为亲子互动的一类游戏。其中，有些数学趣玩游戏需要家长找现成的材料和孩子互动，于不经意间进行自然融入，效果极佳；有些数学趣味游戏需要器具，家长可以和孩子一起制作，培养孩子的动手能力，使孩子对器具有亲切感；有些器具不好制作，需要购买或向学校借用，这类器具玩起来往往更具挑战性和趣味性。

1. 自然而然玩起来

家长可以阅读一些书籍，学习一些数学益智游戏知识，比如阅读《给孩子的数学游戏书》，然后利用生活中现有的材料和物品，随时、随地、随意地选一些"谜题"和孩子玩起来。

瓶下取纸

游戏器具：准备一个矿泉水瓶、一小张纸。

游戏玩法：将瓶子倒立放在纸上，请你不借助其他工具，设法把纸取出来，手不能碰到瓶子，瓶子也不能倒下。

游戏目的：培养学生的创新思维能力。

游戏解答：双手将纸轻轻卷起来，利用卷纸的推力将瓶子慢慢推出去，纸就可以取出来了（见下图）。

废纸张到处都有，矿泉水瓶也容易找到，家长多学习"趣味谜题"，就能将废纸张和矿泉水瓶组成一道小趣题。在玩的过程中，孩子的思维和创新都会发生，灵性也就生长了！

2. 学做器具玩起来

有些数学益智游戏需要用到器具，相对简单的器具，家长可以和孩子一起制作。制作的过程就是一次感受器具背后所蕴含的数学知识的过程，也是培养孩子动手能力的过程。孩子对自己做出来的器具会有亲切感，玩起来自然也就兴趣盎然了。

多出一块

游戏器具： 准备一块切割好的 8×8 的正方形彩色板（如下图）。

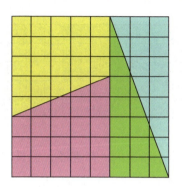

游戏玩法： 将上图中的四种不同颜色的木块重新拼接，可以组成一个 5×13 的长方形，这要比之前的彩板多出 1 个平方单位（下图第一个图）。对于多出来的 1 平方单位，该如何解释呢？下图第二个图又少了 1 平方单位，为什么？

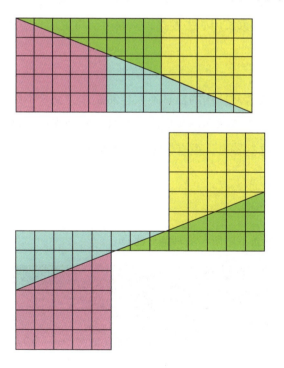

第七章 "数学玩育"的实施　　169

游戏目的：让学生认识悖论，培养学生的仔细观察能力和思维能力。

游戏解答：只有在这些悖论不真实的情况下，最终得到的长方形才会存在一些错误。若是放大第一个长方形，就会发现对角线并不是一条线，而是面积为 1 个平方单位的一个又长又细的平行四边形。

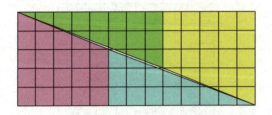

这是很多趣味数学书上给出的一个趣题，家长掌握之后，不一定自己做纸板，可以和孩子一起画格子，剪下来玩。奇怪了，明明原来是 8×8=64，怎么换一种拼法就变成 5×13=65 了，再换一种拼法又变成 30×2+3=63 了？此时，家长完全可以和孩子一起惊愕、一同疑惑，"谜团"解开后又一起惊喜、一同庆贺。这就是父母与孩子的"共情"！父母与孩子之间有很多地方可以"共情"，只要家长用心去发掘，家庭生活将更加充实而富有诗意。

3. 购买器具玩起来

有些数学益智游戏所用的器具不太容易制作，家长不妨先问一下学校有没有，如果有，可以考虑向学校借用，节省一些开支；如果没有，再考虑适当购买一些。玩这些器具，更有趣味性，也更有挑战性。

马蹄环

游戏器具：准备下图所示的马蹄环器具。

游戏玩法：请将左边的马蹄环解开，变成右边的样子。

游戏目的：培养学生的观察能力和平面空间观念，培养平移、旋转、调整能力，体验数学探索之趣。

游戏解答：略。

类似的需要购买的数学益智器具还有百鸟蛋、巧放四块、4T之谜、巧放木条、巧放圆形、巧放九块、金字塔、七巧板、双马双骑士、骰子立方体、鲁班锁、华容道、魔方、魔尺、兄弟连、十字架、立刻疯（又名"四色俱全"）、汉诺塔、M环、九连环等，家长购买后，就可以适时地和孩子玩起来了。

4. "亲父游戏"玩起来

我在和孩子们玩一些游戏后，发现一个很有趣的现象：孩子们回家后和爸爸妈妈玩我教的游戏时，表现出更强的积极性和主动性，尤其是看到爸爸妈妈被游戏"放倒"，并得到爸爸妈妈的称赞后会异常兴奋，纷纷要求再找我玩。我突然感觉这其实是"亲子游戏"的逆向，我将其称为"亲父游戏"。

"亲父游戏"，狭义上是指孩子主动和长辈玩游戏，广义上是指孩子和比他大的人（祖辈、父辈、大朋友等）玩游戏。

"亲父游戏"完全可以在幼儿园和小学广泛尝试。教师可以先教学生玩几个游戏，学生会玩并深入了解后，就让学生回家主动和长辈玩，或变着法儿地和长辈玩，并尽量守住"秘密"，长此以往，学生一定会得到高层次的智力满足，砥砺自己玩出新境，玩出数学脑。

四、融于开放空间

有条件的学校，可以建设数学思维活动实验室。注意：实验室要有合理的器具摆放空间，有较好的环境布置，有教师演示的展台，有学生参与活动的平台等。学校还可以营创益智墙壁文化，把一些一望可思的器具或照片

"上墙",让"墙壁"刺激学生思考(如"叠立方体""排棋子"等)。走向"智慧校园"的学校,可以将一些益智器具进行"电子化",开发网络电子游戏活动。这些开放空间,会让益智器具产生更大的效益。

1. 建设数学思维活动实验室

现在的学校对理化生都配有实验室,其实数学也可以配有实验室,我称其为"数学思维活动实验室"。例如,厦门大学就有一个类似的实验室,取名为"数学与智力玩具空间"。实验室配置的标准:(1)至少能容纳一个班的学生;(2)实验室的桌子要比一般的学生课桌大一点,这样学生才能在教师的引导下进行"桌游";(3)实验室要体现数学文化;(4)实验室的器具一般要有40款以上,同一款器具一般要有60件;(5)实验室要有投影仪、大黑板、不遮挡的讲台桌等。

有条件的学校,还可以在此基础上建一个"数学思维观察室",即在实验室的后面用一面玻璃墙做隔离,一侧是实验室,另一侧是观察室。从观察室透过玻璃墙可以看清实验室情况,反之看不见。观察室可以供教师进行观摩、评议,可以请家长观看孩子的游玩情况,更大的作用是有关专家可以在这里观察、记录、研究学生玩游戏的情况——"强项""弱项"尽收眼底,这样就可以在后续的游戏中,通过新游戏"矫正问题",提高"弱项",优化思维品质。从某种意义上讲,这才是真正的"思维实验"。下面是某学校的"数学思维活动实验室"施工图,供大家参考。

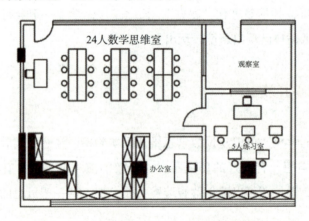

2. 展示数学益智文化墙

潜在课程，是指学校通过教育环境（包括物质的、文化的和社会关系结构的），有意或无意地传递给学生的非公开性教育经验，对学生发挥着有意或无意的影响。

潜在课程对学生的影响是深刻的，其价值在于使学生在德、智、体、美、劳等方面获得全面发展和个性的自由发展。

潜在课程对学生的教育不是强迫灌输，而是通过学校环境中的物质和精神文化的教育作用，在耳濡目染中，潜移默化地熏陶、感化学生，从而产生一种"润物细无声"的教育效果。

潜在课程是当今课程研究的一个新课题。重视并充分利用潜在课程以促进学生个性的全面发展，已成为当今课程改革的一个重要趋势，也是培育核心素养不可忽视的一环。学校要建设有利于培育核心素养的物质环境，营造有利于培育核心素养的人际氛围，构建有利于培育核心素养的校园文化生活，创造有利于培育核心素养的优良校风，健全有利于培育核心素养的学校管理。

数学益智文化墙就是潜在课程的一种样态。如果整个学校是以"思维教育"作为办学主张，可以考虑建设全校性的"思维空间"，"数学趣玩"是其中一项重要内容；如果学校是将"数学趣玩"作为一个特色项目或特色活动，则可以在一个或几个长廊上设计数学文化墙。而数学文化墙宜动静结合。所谓"静"，是指经典的数学之史、数学之趣、数学之美、数学之用；所谓"动"，是指及时更新内容，特别需要有类似"每日一趣"的栏目。如果空间允许，"动"还可以是在数学文化墙的下方摆放几张桌子，提供一些器具，让孩子们对墙上的游戏玩法动手玩起来。

叠立方体

游戏器具：准备下页图所示的图案。

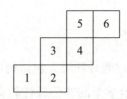

游戏玩法：沿着图上标的序号可以把上图叠成一个立方体。在不折叠的情况下，你知道哪两个面相对吗？

游戏目的：培养学生的空间想象能力。

游戏解答：相对的面有：1和4，3和6，2和5。

这个游戏可作为"每日一趣"来展示，但注意答案于第二天给。

排棋子

游戏器具：准备24枚圆形棋子。

游戏玩法：将这24枚棋子排成6行，每行5枚棋子。

游戏目的：培养学生的推算能力和想象能力。

游戏解答：排法如下图所示。

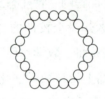

这个游戏可以放在数学文化墙上展示，注意配上桌子和棋子，方便学生直接动手玩。答案于第二天给出。

3. 开发数学网络电子游戏空间

《游戏化教育：改变互联网教育的创新战略》一书指出：游戏化教育具备跨界性、多元性及场景化三大特点。通过和游戏的有机结合，游戏化教育可以借助上述三大特点重构现有的学习体系，使知识学习的过程变得更简单、高效。互联网时代，网络游戏已成为很多人生活中的一部分，对人们产生了重要的影响。对于网络游戏，只要我们利用得好，就能赋予数学学习更多的趣味性，激发学生的好奇心和挑战欲，培育学生的抗挫感和持久性，使数学学习成为一种探索的乐趣。

学校可以购买或自行开发适合学生趣玩的数学网络电子游戏空间，这个空间，可以是专门的几间教室，便于统一管理，也可以是散落在校园的某些区域，便于学生就近随机游戏。内容的选择，最好选些具有挑战性的数学趣题，并且趣题尽量是让学生持续关注和研究的。

每日一拼

游戏器具：准备下图所示的器具。

游戏玩法：将外面的 8 块小木板放进中间的凹槽里，能否将一年的每一天都呈现出来呢？例如，下图呈现的是 5 月 24 日。

游戏目的：培养学生的数学兴趣、观察能力、动手能力和调整能力，训练耐心和意志。

游戏解答：略。

游戏说明：这是"每日一拼"的实物版游戏，可以把一年的365天或366天（闰年）逐个"拼"出来。现在"每日一拼"已经有电子游戏版的，学校可以将其"引进"作为"游戏空间"的一个颇具挑战的趣玩题。

五、融于诗意行走

研学旅行，是由教育部门和学校有计划地组织安排，通过集体旅行、集中食宿方式开展的研究性学习和旅行体验相结合的校外教育活动，是学校教育和校外教育衔接的创新形式，是教育教学的重要内容，是综合实践育人的有效途径。其中"研"是基础，"学"是目的，"旅行"是载体，中小学生应在研学旅行中研有所得、学有所获。所以，研学旅行，让学生触摸真实世界，让教育回归本真本原。研学旅行，是中国教育的新生态，是学校践行

"知行合一"的有效行动,也是家长让学生健康成长的应然之举。

走出教室看世界,眼前一片新视野。走出去,会发现外面的世界很精彩;走出去,能唤起学生内心的大格局。从数学角度讲,走出去,意味着引导学生学会用数学的眼光看世界。

1. 旅行中,用数学的眼光看世界

华罗庚曾说:"宇宙之大,粒子之微,火箭之速,化工之巧,地球之变,生物之谜,日用之繁,无处不用数学。"这体现了数学具有广泛的应用性的特性。

法国著名雕塑家罗丹曾说:"生活中从不缺少美,而是缺少发现美的眼睛。"套用这句名言,我们可以这样说:"生活中从不缺少数学,而是缺少发现数学的眼睛。"

我在数学园地里耕耘了多年,出于职业的缘故,我常常以数学的眼光看世界,这种习惯不知不觉帮助我及身边人解决了许多问题。例如,外出旅游时,一天下来,我不用说自己的身份,旅行团里的人就能知道我是一位数学教师。因为我会在不经意间"用数学",如建议导游用编号的方式点名、分房卡和就餐;会"咬文嚼数"纠正一些涉及数学的错误,如许多游客认为"买 200 返 100 元的券"为"打五折"、飞机登机顺序安排问题等。旅行团里的小朋友更是喜欢围在我身边,因为我会给他们出一些数学趣题,尤其是会结合旅途中的所见所闻出题,这让他们感到数学就在身边,数学原来如此有趣,渐渐地喜欢上了数学。几天下来,许多原来对数学摸不透的小朋友,在旅途结束后激动地对我说:"数学,我悟到了!"

巧思妙想带回钢坯

某工程师到国外考察,发现了一种钢坯,正是国内一种设备上急需的,于是他立即买下钢坯准备带回国内。当他购买返程机票时,才知道这个国家对乘客所带的货物有要求,即货物的长宽高都不能超过 1 米,而工程师买的这根钢

坯,虽然直径只有 2 厘米,但长度却达 1.7 米。为了将钢坯带回去,工程师苦思冥想,终于想出了一个绝妙的办法,第二天,钢坯果然被巧妙地带上了飞机——既没有截断钢坯,也没有违反规定。

你知道工程师用了什么样的办法吗?

原来,工程师用木板钉了一个长宽高均为 1 米的木箱,然后将钢坯斜放进去。这是因为:1 米的正方体的对角线长为 $\sqrt{1^2+1^2+1^2}=\sqrt{3}=1.7321>1.7$。

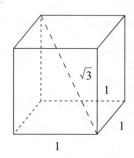

巧思妙想,活用数学,可以给人们带来意想不到的收获。

这样的问题,就可以在机场候机时,与身边的小朋友学生玩。后来,我把这道题编入了《精彩数学就在身边》一书中,没想到浙江省的一位数学老师告诉我:2023 年全国新高考 I 卷选择题第 12 题,与此题类似!

2. 进展馆,用真实体验悟数学

植物园、动物园、艺术馆、科技馆、天文馆、博物馆、文化馆、图书馆、陈列馆、名人纪念馆等公共文化机构,是非常珍贵的教育资源。每个场馆(园)都有不同的教育功能,其中博物馆因物"博"而有育德、增知、启智、激趣、促美、鉴古、明史、创新等涵养之功。让馆藏资源得到充分利用,我们还在行走的路上。

厦门大学图书馆有个数学与智力玩具空间,该空间拥有 5000 余件各类智力玩具藏品,其中 4000 余件来自爱玩的国际著名代数学家——林格尔的捐赠。

2019 年该空间揭幕时,林格尔也来了,他被《厦门日报》的记者问及玩具和数学的关系时,说:许多智力玩具和智力难题都具有数学背景,一些数学概念可以用这种方式得到很好解释,数学老师应该意识到一点——智力玩具在训练学生数学思维方面有着独特的作用。此外,人们在玩玩具时,会遇到形形色色的智力障碍,从而会学会克服障碍的策略。

厦门大学数学学院原院长林亚南教授说,他有个心愿,就是把益智玩具推广到中小学生中去。

北京每年都会举办"中华世纪坛·马丁加德纳数学科普年会",年会上的论坛的内容基本上是趣味数学方面的话题,如新研发的扑克游戏、新研发的益智游戏、数学文化引发的趣味问题、传统游戏的现代趣玩等。每年的论坛活动,都会开辟一个让青少年体验的数学益智游戏活动区,不少老师和家长会带着孩子来玩。下面是根据2023年论坛报告设计的一款新的益智拼块游戏——面积三阶幻方。

面积三阶幻方

游戏器具:准备9个打乱的木块(如下图,图中数字代表图形的面积)。

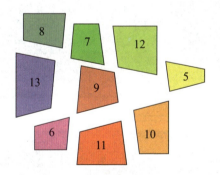

游戏玩法:请将9个小木块拼成正方形,使得每行、每列和每条对角线上的三块面积之和都相等,且每行、每列和每条对角线上的三个木块都能拼成梯形。

游戏目的:培养学生的观察能力和平面空间观念,体验平移、旋转和数学探索之趣。

游戏解答：答案如下图。

游戏说明：给出的器具有两种款式：一种是小木块上写有数字，另一种是小木块上不带数字。

北京国际桌面游戏展，正常情况下每年都会举办。学生走进"桌游世界"，就能在桌游的挑战中，感受到兴趣、智慧、学识和狂欢的境界；教师走进"桌游世界"，既可以感受到桌游之趣，更可以收集数学桌游的器具和玩法，引入"数学玩育"之中。

所以，教师应该找机会组织学生走进这样的博物馆或活动展览中，去感受游戏的魅力。数学教师可以在这些地方寻找与数学有关的游戏，让学生在玩游戏时，深刻体悟数学的美妙。

3. 随意间，用身边材料玩游戏

游戏之玩，贵在自然而然。生活中，触手可及的一些东西，皆可成道具，立马就能玩起来，这种不经意之玩，也许就是高境界之玩。比如，拿一些小棋子或石头，就可以和学生玩"尼姆游戏"；拿一些小木条，就可以玩"火柴游戏"；拿一副扑克牌，就可以玩"扑克游戏"；拿几张废纸，就可以玩"莫比乌斯带游戏"；拿一张纸，就可以玩"撕纸问题"；拿四个矿泉水瓶，就可以玩"距离都相等游戏"……

双手就是计算器，一双手就可以玩"九九表"，玩周期问题——落在哪个手指头。两个人，就可以玩"石头、剪子、布"；摘几根草，就可以玩出一道高考题"'握草'游戏胜算几何"；捡几块小石头分别握在手中，就可以玩出一道中考题"奇数还是偶数"。

奇数还是偶数

老师左右手各握几块小石头，其和为奇数。学生让老师将左手石头数乘以一个奇数，右手石头数乘以一个偶数，老师说："其和还是奇数。"请问，老师左手握的石头数是（　　）。

A. 奇数　　　　B. 偶数　　　　C. 奇数或偶数　　　　D. 1

答案：A。

郊游时，我和学生玩起了猜灯谜。如，"知难相逢叹别离"（猜字一）。开始时学生猜不出，用了"加减法"就猜出来了—— $x = 知 + 难 - 叹 = 雒$。学生掌声四起。

我们继续猜："各有风格"（猜字一）。效果很明显，很多学生猜出谜底为"枫"。因为学生已经会这样猜谜了：$x + 各 + 有 = 风格$，$x = 枫$。

啊！猜谜也能用数学。

我又出了一个难度略大一点的谜："刘邦闻之则喜，刘备闻之则悲"（猜字一）。我说，设 $A=\{刘邦闻之则喜\}$，$B=\{刘备闻之则悲\}$，引导学生回忆。学生七嘴八舌，说A里有什么，B里有什么。我进一步启发："我们的任务是什么？是求$A \cap B$啊！"有学生想到"羽"，对刘邦而言"项羽之死"是喜，对刘备而言"关羽之死"是悲。我再次启发："'交'是什么？"学生答："羽之死"。忽然一学生叫道："谜底是'翠'，'翠花'的'翠'。"我故意问："何解？"学生自豪地回答："'羽之死'就是'羽卒'，合起来为'翠'。"全班又是一阵掌声。

"打80分"，也能"打"出数学思维来。"打80分"，就是通过对出牌信息进行观察、分析、联想、综合平衡，归纳出一个合理的出牌方法，这个过程就是思维。例如，AA怎么打？是出A还是出AA？

从概率上看，如果自己没有10、K，那么对家有10或K的概率就很大，有单张10或K的概率为$\frac{1}{3} + \frac{1}{3} = 0.666\cdots$，这时如果单出一张A，顺利跑分的概率很大。而出A最担心的就是防守方中有一方有KK，其概率为$\frac{1}{3} \times \frac{1}{3} = \frac{1}{9} = 0.111\cdots$，两家都有KK的概率为0.222，因此出A是一种安全的打法。

奇怪的剪纸

游戏器具：找一张长方形的废纸。

游戏玩法：你能剪拼成下图的立体形状吗？要求：不能剪断，也不能使用胶水。

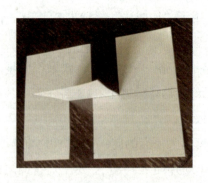

游戏目的：形象传播拓扑结构知识，培养学生的观察能力，激发好奇心。

游戏解答：将上图用右手抓住中间竖起的纸片，左手将左侧纸片在空中转 180° 就成下图的样子了。

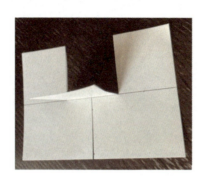

一张小小的废纸，就能玩出一片欢笑声。笑着笑着，思维开窍了，脑子灵光了，"拓扑"感知了，原来数学这么有趣！

第八章
"数学玩育"的境界

"数学玩育"的境界，体现在不同层面的玩，体现在不同对象的玩，体现在不同深度的玩。只要能玩出数学的"趣、理、情"，玩出数学的"真、善、美"，玩出数学的"文、史、用"，就是有境界之玩。

我的教学主张——品玩数学，就是基于"数学玩育"理念下的一种教育探索。

我曾多次说，我的"品玩数学"主张，不是一次就成型的。从初为人师的初识"好玩"，到后来追求"玩好"，再到"玩转""玩味"，我认为，品玩数学 = 好玩 × 玩好 × 玩转 × 玩味。之所以用"×"，是因为好玩、玩好、玩转、玩味之间是相辅相成的，是水乳交融的。当然，我们可以先从"好玩→玩好→玩转→玩味"的递进关系做起，再从"→"走向"×"。

一、好玩是"引趣"，烧脑游戏，激发兴趣

数学好玩，就是让学生感受到数学是十分有趣的，就是数学教学中的"引趣"。好玩是"引趣"，烧脑的数学游戏能激发学生的兴趣。"好玩"多融入情感，"好玩"可以设法将一个很深层的数学问题浅层次、趣味化地呈现出来，目的就是让学生爱上数学。

五格拼板的三倍

游戏器具：准备 12 个五格拼板和 12 张网格图纸（见下图）。

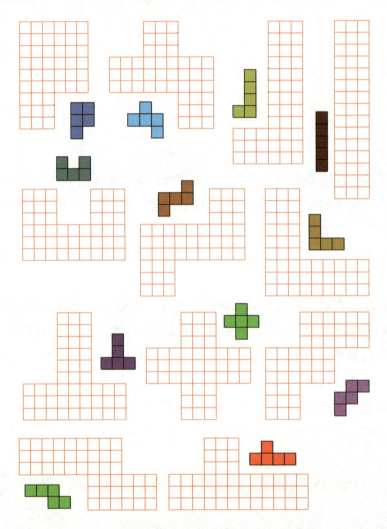

游戏玩法：给出 1 个五格拼板，要求用剩余的 11 块拼板中的 9 块拼板拼成一个高和宽都为给定拼板的 3 倍的图形。12 个五格拼板都可以拼成，动手拼一拼吧。

游戏目的：培养学生的观察能力、想象能力和思维能力。

游戏解答：

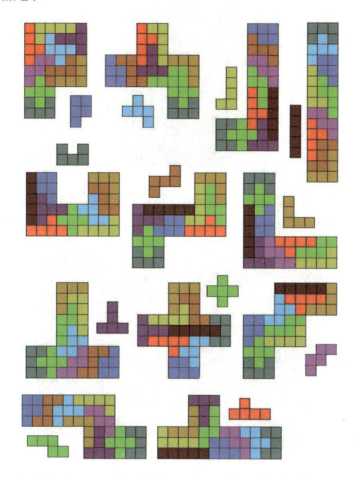

这是一个典型的烧脑游戏，也是一个很神奇的现象：拿出 1 个拼板，长和宽各放大 3 倍，成 45 格的大拼板，从剩余的 11 个拼板中选出 9 个，竟能拼出来。能成功拼出 1 个已经不容易了，12 个都要拼出，确实充满了挑战！

读者若有时间，不妨试一试，看看能拼出几个吧。

偷吃巧克力

游戏器具：准备下页图所示的被分割的木块。

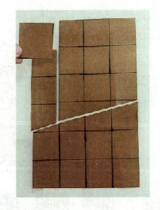

游戏玩法：把上图的木块先拿掉左上角的一块，重新摆放一下，还能摆成下面右图的样子，感觉像偷吃了一块"巧克力"不易被发现，怎么回事呢？

游戏目的：让学生初识悖论，培养学生的观察能力和分析能力，感受几何的妙趣。

游戏解答：经重新拼凑的木块，比原来的长度短了几厘米，而"短"了的面积加起来，正好是拿掉的那一小块。

当一个人的兴趣被激发出来时，其学习积极性会变高，会收到良好的学习效果。每个学生的兴趣点不同，教师就可以通过不同的趣题来激发。我曾经用这道小题，把一些学生对几何学习的积极性给"激活"了，他们超越教材研究了不少深奥的几何趣题。

二、玩好是"引深"，趣中领悟，透视问题

玩好数学，就是让学生在感到数学十分好玩的基础上，带着数学思维而玩。玩好是"引深"，要趣中领悟，透视问题。"玩好"多融入智慧，"玩好"就是将一个很浅显的问题深层次、一般化地探索，目的是让学生像数学家一样思考。

展开正方体

游戏器具：准备若干个正方体纸盒。

游戏玩法：请用一把小刀将正方体沿棱割开，最多能得到几个展开图？

游戏目的：培养学生的分类能力、直觉思维能力和严谨的逻辑思维能力。

游戏解答：这个问题很容易得到一些答案，但只凭直觉去想象，很难得到完整的解。在分析问题时，我们应把直觉思维与严谨的逻辑思维结合起来，才能得出完整的答案。

下面对正方体表面展开问题进行分类讨论：

四个表面在一直线方向的有

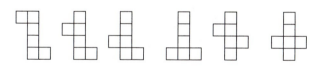

三个表面在一直线方向的有

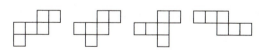

两个表面在一直线方向的有

所以，一共有 11 种展开的方法。

当我们对正方体随便展开，可能有重复或遗漏。出现重复，我们可以去掉多余的那个，但浪费了时间；出现遗漏，就会让答案不全。玩的过程中，我们可以分类讨论不同个数的表面"在一直线方向"上的情况，这样就不容易重复，也不会遗漏了。玩好几个趣题，重在领悟破题之道。

"数性"难移

一次带初二学生郊游，中午休息时我们坐在草地上闲聊。学生们知道我有许多趣味数学故事，便让我讲几个。

我觉得自己一个人讲不太好，最好是让大家互动一下更适合当时的情境，因为还有别的班的学生和其他学科的老师，互动可以让大家轻松一些，我也轻松一些。

我说自己有一种特异功能，但需要四个助手帮我——两个助手为"乘法大师"，能口算乘法；两个助手为"平方和大师"，会口算平方和。口算乘法、口算平方和对初二的学生而言并不难，所以学生纷纷举手争当助手。确定助手后，我说："给我 10 秒钟，我会说出两个神奇的数。"10 秒后，我说出 25 和 5。

学生笑了，说："这有什么神奇？"

我说："有啊，这两个数都是两个完全平方数之和。"我问"平方和大师"是不是，两位"平方和大师"点头称是。因为 $25=3^2+4^2$，$5=1^2+2^2$。

学生说："这不能说明什么"。

我接着说："把它们乘一下，'乘法大师'在哪？"因为太简单了，"乘法大师"不好意思地说："125。"

表面看，这个数确实平淡无奇！我转向"平方和大师"，说："你们发现了什么？"两个"平方和大师"也一头雾水，说没发现。

我启发道："25 好比是'父亲'，5 好比是'母亲'，积 125 就是它们的'孩子'，'孩子'带有'父母'的'基因'啊。"

有学生开始说："难道 125 也是两个完全平方数之和？"

我说："是的,请大家想想。"

这时有学生大声说:"$125=121+4=11^2+2^2$。"两位"平方和大师"此时有些不好意思了。

学生这时觉得"有点意思"了,但又觉得这是我事先想好的数,凑巧罢了,便让我再来一个。

我闭上眼睛,佯装想数,10 秒钟后,说出 65 和 29。学生知道 $65=49+16=7^2+4^2$,$29=25+4=5^2+2^2$。不等我说,学生纷纷开始求积:$65×29=1885$。

难道这个"孩子",也带有"父母"的"基因"?数偏大,"平方和大师"一时也看不出来,这时我随口说出:$1885=1849+36$。

36 是平方数,学生一眼能看出。1849 也是平方数吗?我让"平方数大师"估一估,他们估出 $1849=43^2$。学生这下感到有点意思了。我顺势说:"我还有更绝的,只要同学们说出'父亲'和'母亲',我就能说出'孩子'。"学生说"父亲"为 $181=10^2+9^2$,"母亲"为 $61=6^2+5^2$,求积得到"孩子"为 11041。

我闭眼想了一小会儿,说 $11041=10816+225=104^2+15^2$。众人惊愕!

学生又出了几个更大的数,我都能找出对应的"基因",直到这时,大家才对我的"特异功能"深信不疑。我得意地说:"龙生龙,凤生凤,具有平方数之和的数,'生'出的'孩子','数性'难移啊!"

其实,所谓的"特异功能"是我心中有一个恒等式:

$$(a^2+b^2)(c^2+d^2)=a^2c^2+b^2d^2+b^2c^2+a^2d^2=(ac+bd)^2+(bc-ad)^2=(ac-bd)^2+(bc+ad)^2$$

玩的背后是悟透,悟透所玩游戏背后的数学原理。

厦门一中陈景润数学创新班的学生都是厦门市每年中考前 200 名的学生,总体数学水平高。我曾到这个班讲课,许多数学老师还带着笔记本来听我讲,结果发现,课讲完了,笔记本上基本没记下什么,因为我和学生在课上基本就是"玩",我们"玩"出了一道道高考题、奥数题。事后,厦门一中的数学组老师还以"玩转日常生活小游戏,悟透数学解题大奥秘"为题,报道了我的系列讲座。

三、玩转是"类化",玩个游戏,洞见一类

玩转数学,就是从玩一个数学游戏开始,最后玩出一个数学的新天地。玩转是"类化",我们应玩一个游戏,洞见一类。数学,是研究数与形的科学。涉及"数"的问题,我们可以从 1、2、3 探索到 n;涉及"形"的问题,我们可以从正方形、长方形、圆探索到一般曲线。我们在对"数"与"形"的探索中,追求数学问题的"诗和远方"。

滚动的圆

我在《想象能力的培养》[载《中学生数理化》(高中版),1991 年第 114 期]一文中曾谈到一个例子:

如下图所示,圆 A 的半径为圆 B 半径的三分之一,圆 A 从图上所示位置出发绕圆 B 做无滑动的滚动,多少圈后圆 A 的圆心才第一次返回到它的出发点?( )

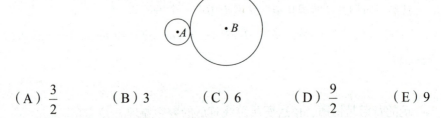

(A) $\dfrac{3}{2}$ (B) 3   (C) 6   (D) $\dfrac{9}{2}$ (E) 9

本题是美国主管高校入学考试机构命的一道题,命题者给的答案是 B。出人意料的是,有的考生指出,选项中的五个答案都是错误的,正确的答案应是 4 圈。正是这些考生具有大胆怀疑的精神,才能打破常规,给出正确的答案。同学们会证明吗?

文章刊登后,此问题引起广大读者的兴趣,不少人纷纷来信,有的说自己动手做了实验;有的说自己做了"证明",认为正确答案为 3 圈而不是 4 圈。这

说明广大读者有怀疑精神,这是创造的萌芽;说明广大读者不仅读刊,而且对刊中的问题认真思索、解答。这使我十分兴奋。

来信太多了,我无法一一回复,便写了一篇《是 3 圈还是 4 圈?》的短文,刊于《中学生数理化》(高中版)1992 年第 126 期上。

我在文中谈了该题的解法,以帮助读者解答这个问题。

如图 1 所示,设小圆半径为 r,则大圆的半径为 $3r$。当⊙A 绕⊙B 逆时针无滑动滚动到⊙A' 所在的位置时,设半径 AM 在⊙A 中逆时针旋转的弧度为 α,$\angle ABA' = \varphi$(弧度),此时 AM 按逆时针共旋转了 $\alpha + \varphi$ 弧度,因此当⊙A 绕⊙B 做无滑动滚动一周时,$\varphi = 2\pi$,而此时 $\alpha = \dfrac{2\pi \cdot 3r}{r} = 6\pi$,于是⊙$A$ 的半径 AM 共旋转了 8π(弧度),即⊙A 滚动了 4 圈。

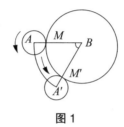

图 1

一般地,设大圆半径为 R,小圆半径为 r,当小圆绕大圆滚动一周时,$\alpha = \dfrac{2\pi R}{r}$,$\varphi = 2\pi$,$\alpha + \varphi = 2\pi(\dfrac{R}{r} + 1)$,即小圆滚动了 $\dfrac{R}{r} + 1$ 圈。

如果问:当小圆绕大圆做内滚动时,情况又如何呢?同学们可模仿上面方法得出小圆滚动了 $\dfrac{R}{r} - 1$ 圈。

这个问题也可以这样来理解:小圆绕大圆的滚动可以看作是小圆自身的旋转运动与小圆绕大圆的旋转运动的合运动。外滚动时是同向旋转,故得 $\alpha + \varphi$,内滚动时是反向旋转,故得 $\alpha - \varphi$。当小圆绕大圆旋转一周时,总共旋转的圈数应为小圆自身旋转的圈数加上(外滚动)或减去(内滚动)绕大圆旋转的 1 圈。

这个问题又引发了一个新的问题——圆滚动问题,即圆在曲线上滚动的周数问题,这里的"曲线"不一定就是圆。

（1）研究最简单的"圆在直线上滚动问题"。

众所周知，若半径为 r 的⊙O 在直线 l 上自点 A 滚动一周到点 B，则 $AB = 2\pi r$。反之，若半径为 r 的⊙O 在直线 l 上自点 A 滚动到点 B，则当 $AB = 2\pi r$ 时，⊙O 在 l 上正好滚动了 1 周，即 $\dfrac{AB}{2\pi r} = 1$。（见图 2）

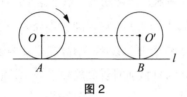

图 2

一般地，若半径为 r 的⊙O 在直线 l 上自点 A 滚动到点 B，设 $AB = a$，则⊙O 滚动的周数 $n = \dfrac{a}{2\pi r}$。此时圆心 O 平移到 O'。设 $OO' = a'$，则 $a' = a$。所以⊙O 滚动的周数 n 也等于 $\dfrac{a'}{2\pi r}$。

（2）研究"圆在折线上滚动的问题"。

情形 1：当半径为 r 的⊙O 在图 3 的折线上滚动时，在 AB 及 BC 上滚动可归结为"直线"的情形，不同的是在点 B 处的滚动。由图 3 可知，当⊙O 在直线 AB 上滚动至点 B 处，又从点 B 处滚动到直线 BC 上时，点 B 未动，而圆心从 O 变到 O'，设 $\angle ABC = \beta$，则 $\overset{\frown}{OO'} = \dfrac{180 - \beta}{360} \cdot 2\pi r = \dfrac{180 - \beta}{180}\pi r$。

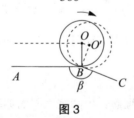

图 3

这说明，尽管此时⊙O 在折线 ABC 上不发生位移，但⊙O 本身仍滚动（转过了 $\dfrac{180 - \beta}{360}$ 周）。

情形 2：当半径为 r 的⊙O 在图 4 的折线上滚动时，同样，⊙O 在 AB 及 BC 上的滚动仍可归结为圆在直线上滚动，不同处仍在点 B 处。由图 4 可知，当⊙O 的圆心 O 位于 $\angle ABC$ 的平分线上时，⊙O 刚滚动到 AB 上的

T处，但实际上也同时滚到BC上的T'处（跳过了$\widehat{TT'}$）。设$\angle ABC=\beta$，则$\widehat{TT'}=\dfrac{180-\beta}{360}\cdot 2\pi r=\dfrac{180-\beta}{180}\pi r$。

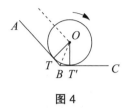

图4

这说明⊙O在图4的折线ABC上滚动时，由T到T'并未发生滚动，即少滚动了$\dfrac{180-\beta}{360}$周。

设⊙O在图3或图4的折线ABC上滚过的路线长为X，圆心O的位移为P，则⊙O滚动的周数$n=\dfrac{p}{2\pi r}$或$n=\dfrac{p}{2\pi r}\pm\dfrac{180-\beta}{360}$（当如图3时取"+"，当如图4时取"-"）。

（3）研究"半径为r的⊙O在周长为p的凸多边形上滚动的问题"。

情形1：⊙O在凸多边形外滚动（图5），显然这类滚动可归结为上面（2）中"情形1"的问题，又因为"情形1"的问题中$180-\beta$相当于凸多边形某一个内角（β）相邻的一个外角，而凸n边形外角和为$360°$，所以⊙O在凸多边形外滚动周数为$n=\dfrac{p}{2\pi r}+1$（p为凸多边形周长）。

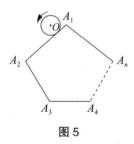

图5

情形2：⊙O在凸多边形内滚动（图6），同样地我们可求得$n=\dfrac{p}{2\pi r}-1$（p为凸多边形周长）。

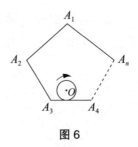

图 6

（4）研究"圆在圆上滚动的问题"。

当正 n 边形的边数 $n \to +\infty$ 时，正多边形 $\to$ 圆。由上述讨论易知：

当半径为 r 的 $\odot O$ 在半径为 R 的圆外滚动时（图 7），$n = \dfrac{2\pi R}{2\pi r} + 1 = \dfrac{2\pi(R+r)}{2\pi r}$。当半径为 r 的 $\odot O$ 在半径为 R 的圆内滚动时（图 8），$n = \dfrac{2\pi R}{2\pi r} - 1 = \dfrac{2\pi(R-r)}{2\pi r}(R>r)$。

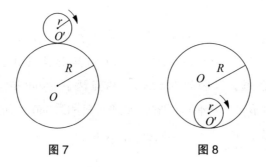

图 7　　　　　图 8

结果殊途同归，我们从另一角度，得到了与前面一致的结论。

正当我对获得的结论兴奋不已时，我又想起好像还有读者问：如果圆在椭圆、双曲线、抛物线等曲线上滚动，情况又如何呢？

我预感到这也许不是一个简单的问题，"革命"尚未成功，我仍需努力！

我从一道"两个圆的滚动"问题，玩出了"圆与折线的滚动"问题，继而玩出"圆与曲线的滚动问题"，于无意中走入到一个广阔的研究世界。其实，这道题再玩下去，还能研究一个小的正三角形在一个大的正方形外或内的滚动问题，还可以研究两个椭圆之间的滚动问题……直至研究这类问题的一般情况——两个曲线之间的滚动问题。

哪辆车先到达

一辆汽车 P 从 A 点沿半圆弧运动到 B 点，另一辆汽车 Q 从 A 点沿两个等半径半圆弧运动到 B 点（见图1），两汽车运动速度相同，请问哪辆汽车先到 B 点？

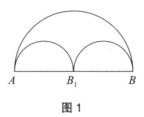

图 1

这是一道小学生都会解答的智力题，学生很容易通过计算得出 P、Q 两辆车同时到达 B 点。绝大多数学生做完此题就完了，不善于通过推广与变式把问题深化，失去了一次极好的训练创造性思维的机会。为此我决定引导学生不断深化。

深化1：把"两个半圆"改为"n 个半径相等的半圆"，情况如何？（见图2）
对于这道题，小学生可以证明，两辆车是同时到达。

深化2：假如线段 AB 上有 n 个半圆（半径允许不相等），情况如何？（见图3）
对于这道题，小学生仍然可以证明，两辆车是同时到达。

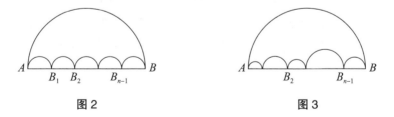

图 2　　　　　　　　　　　图 3

深化3：如图4，图中凸多边形均相似，是否有 $AD+DC+CB=AD_1+D_1C_1+C_1B_1+B_1D_2+\cdots+B_{n-1}D_n+D_nC_n+C_nB$？
对于这道题，初中生可以用相似多边形性质证明结论是正确的。

深化4：如图5，图中各"曲线段"相似，曲线段 AB 的长是否等于 n 条小曲线长的和？

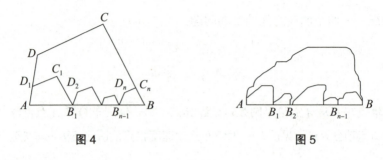

图 4 　　　　　　　　　图 5

这道题，小学生证明不了，初中生证明不了，高中生也证明不了，只有大学生才能证明，不过需要大学生学了定积分后，才能证明结论是正确的。

上面 4 道深化题的具体证明方法，有兴趣的读者可以试着探索下。

玩此题，我们玩出了什么？就"数"而言，我们玩到了 n，n 就是数的一般情况；就"形"而言，我们玩到了"一般曲线"，一般曲线问题解决了，所有图形问题也就解决了；我们还玩了"变与不变"，玩出了几个猜想。其实，我们在玩的过程中经历了一次类似数学家研究问题的过程。

四、玩味是"融化"，研题之史，品题之源

玩味数学，就是从玩某个数学游戏，走进涉及这个游戏的背景、历史和文化。所以玩味是"融化"，研题之史，品题之源。我们玩的游戏，可能是某个数学家曾经玩过的游戏，可能有一段精彩的数学故事，可能是数学的某个创新或失误……我们可以边玩游戏，边品味数学文化的美妙。

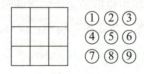

游戏器具：准备一张 3×3 的纸板，备写有数字的 9 枚圆形棋子（如下图）。

游戏玩法：九宫图也称"3阶幻方"，它有一组奇妙的性质，即每一行、每一列，以及两条对角线上的三个数字之和都等于15。现在请完成下面的游戏：

（1）请你先摆出一个九宫图；

（2）如果一个3阶方阵的任意一行、一列，或对角线上的数字的和都不相等，我们就称它为"反幻方"。请问，是否存在3阶反幻方？如果存在，请摆出一个。

游戏目的：让学生体验"都相等"和"都不相等"，培养运算能力。

游戏解答：（1）下面左图是九宫图之一；（2）3阶反幻方是存在的。不过，要想找到它并不容易。下面右图就是一个3阶反幻方，它是美国著名数学家马丁·加德纳找出的。有趣的是，这个反幻方中的9个数，竟然形成接序咬接的"一条龙"。

2	7	6
9	5	1
4	3	8

1	2	3
8	9	4
7	6	5

游戏拓展：可以构造4阶反幻方吗？

可以，答案见下图。

6	8	9	7
3	12	5	11
10	1	14	13
16	15	4	2

通过计算发现，这个4阶反幻方的各行、各列以及对角线上的和分别为30，31，38，37，35，36，32，33，34，29。

玩一个游戏，玩出了一个"新问题"——反幻方。这时教师就可以和学生一起探索"如何打开思路提出一个新问题"，或系统思考，或辩证思考，或换位思考，或超前思考，或创新思考，或另类思考，统整资源，独辟蹊径，这样就能用"活性的大脑"以思考的视角去学习，就能看透问题，更能对问题形成独到的见解。

玩一个游戏，还玩出了一个"马丁"。教师此时可以顺便给学生介绍马丁·加德纳的一些故事和马丁·加德纳的游戏系列书——"马丁·加德纳数学游戏全集"，包括《悖论与谬误》《迷宫与黄金分割》《幻方与折纸艺术》《火柴游戏与循环数》《算盘与多米诺骨牌》《剪纸与棋盘游戏》《椭圆与四色定理》《博弈论与纸牌游戏》《骰子与棋盘上的马》《幻星与超立方体》《沙漏与随机数》《分形与空当接龙》《孔明锁与矩阵博士》《纽结与出租车几何学》《跳棋游戏与非欧几何》。这15本书几乎每一本都有游戏主题。

五猴分桃问题

1979年，著名物理学家李政道博士访问中国科技大学。他与少年班的学生座谈时即兴出了一道趣题：

沙滩上有一堆桃子，这是5只猴子的共同财产，它们要平均分配。第一只猴子来了，它左等右等不见有猴子来，便把桃子平均分成5堆，每堆一样多，还剩下1个，它觉得自己分桃子辛苦了，最后剩下的桃子应该归自己，就把它吃掉了。结果是，这只猴子吃了1个桃子，又拿走了5堆中的一堆。第二只猴子来了，它也把桃子平均分成5堆，每堆一样多，又多了1个，它同样把剩下的1个桃子吃了，拿一堆走了。以后的每一只猴子都这样做。问：原来沙滩上至少有多少个桃子？最后沙滩上至少还有多少个桃子？

这就是著名的"五猴分桃问题"。

我曾和一位小学生探讨过这个问题。限于小学生的知识水平，我们的探讨过程如下：

设有 x 个桃子，列下表：

猴子数	吃掉的数	剩下的个数	$\frac{1}{5}$份数	$\frac{4}{5}$份数
第1只	1	$x-1$	$(x-1)/5$	$(4x-4)/5$
第2只	1	$(4x-9)/5$	$(4x-9)/25$	$(16x-36)/25$
第3只	1	$(16x-61)/25$	$(16x-61)/125$	$(64x-244)/125$
第4只	1	$(64x-369)/125$	$(64x-369)/625$	$(256x-1476)/625$
第5只	1	$(256x-2101)/625$	$(256x-2101)/3125$	$(1024x-8404)/3125$

由表可知：$256x-2101$ 能整除 3125。设 $256x-2101$ 是 3125 的 k 倍，则 $256x=3125k+2101$，即 $x=12k+8+\frac{53(k+1)}{256}$。

当 k 取 255 时，x 值最小。

此时 $x=12\times255+8+53=3121$，$\frac{1024x-8404}{3125}=1020$。

即原来沙滩上至少有 3121 个桃子，最后沙滩上还有 1020 个桃子。

后来我和初中生探讨此题，我们的探讨过程如下：

设沙滩上原来至少有 x 个桃子，先借给猴子们 4 个桃子，5 个猴子分别拿了 a、b、c、d、e 个桃子（其中包括吃掉的一个），可得：

$a=\frac{1}{5}(x+4)$

$b=\frac{1}{5}\times\frac{4}{5}(x+4)=\frac{4}{5^2}(x+4)$

$c=\frac{1}{5}\times\frac{4}{5}\times\frac{4}{5}(x+4)=\frac{4^2}{5^3}(x+4)$

$d=\frac{1}{5}\times\frac{4}{5}\times\frac{4}{5}\times\frac{4}{5}(x+4)=\frac{4^3}{5^4}(x+4)$

$e=\frac{1}{5}\times\frac{4}{5}\times\frac{4}{5}\times\frac{4}{5}\times\frac{4}{5}(x+4)=\frac{4^4}{5^5}(x+4)$

e 应为整数，因 4 的 4 次方不能被 5 的 5 次方整除，所以 $x+4$ 应是 5 的 5 次方的倍数，$x+4=3125k$（k 取自然数）。

当 $k=1$ 时，$x=3121$。

最后沙滩上还剩 $4 \times \dfrac{4^4}{5^5}(x+4)-4=1020$。

再后来我和高中生也研究过此题，我们通过构建数列模型解决这个问题：

设沙滩上原来至少有 m 个桃子，第 i 个猴子拿走 a_i 个桃子，由题意可以建立 $\{a_n\}$ 的递推关系：

$$a_1=\dfrac{m-1}{5},\ a_2=\dfrac{4a_1-1}{5},\ a_3=\dfrac{4a_2-1}{5},\ \cdots,\ a_n=\dfrac{4a_{n-1}-1}{5}。$$

从上述关系我们可以得到 $a_n+1=\dfrac{4}{5}(a_{n-1}+1)$。

即 $\{a_n+1\}$ 为首项为 $a_1+1=\dfrac{m-1}{5}+1=\dfrac{1}{5}m+\dfrac{4}{5}$，公比为 $\dfrac{4}{5}$ 的等比数列。则 $a_n+1=(a_1+1)(\dfrac{4}{5})^{n-1}$，$a_n=(\dfrac{1}{5}m+\dfrac{4}{5})(\dfrac{4}{5})^{n-1}-1$。

于是 $a_5=\dfrac{1}{5}(m+4)(\dfrac{4}{5})^4-1$。

因为 a_5 为正整数，所以当 $m+4=5^5$ 时，m 取到最小值 $5^5-4=3121$。

故沙滩上原来至少有桃子 3121 个，最后还剩 $4a_5=1020$ 个桃子。

有一次，学校组织老师们外出旅游，在乘车途中，有人提到"五猴分桃问题"。我心想，让大家先研究一会儿，我再给出前面的某种解答。这时一位老师的正在读五年级的孩子是这样分析的：

这堆桃子的个数可以被 5 只猴子平分 5 次，每次都可以分成五等份，那么这堆桃子的个数至少要有 5×5×5×5×5=3125（个），但是现在的桃子总数是不能被 5 整除，必须减去 1 才可以被 5 整除，这个数可以是 3125+1=3126。但又要求 5 次五等分之前都要减少 1，一共减去 5 次，即 3126-5=3121（个）。

我感到很吃惊，这小孩真机灵！

这是一道经典的数学问题，是具有数学文化的传统题型，是可以和不同年级品玩的趣题。我很想研究一系列这样的题型：小学生可以做出来，或者探究其中一部分相对简单的问题；初中生可以用几种方法做出来，或者探究一些中等难度的问题；高中生可以用"高级"的方法来解题，再研究这类问题的一般情况。

据说，这个问题最初是由英国物理学家、诺贝尔物理学奖得主狄拉克提出来的。李政道博士当时提出这个问题后，谁也没有能够当场做出解答，可见这道题是有难度的。

五、品玩是"交融"，玩中悟透，趣中深学

"好玩"是引趣，"玩好"是引深；"好玩"多融入情感，"玩好"多融入智慧；"好玩"是将一个很深层的问题通过浅层次、趣味化地进行呈现，"玩好"是将一个很浅显的问题做深层次、一般化的探索。"好玩"诚可贵，"玩好"价亦高。

"玩好"不容易，需要玩家玩出游戏或问题背后的数学原理；"玩转"更不容易，需要玩家玩出游戏或问题背后的数学情感。"玩好"可能需要更多的技巧，"玩转"可能需要更多的智慧。"玩好"能玩出数学之奇，"玩转"能玩出数学之美。

所谓"玩转"，就是对某个领域或方面有很大的兴趣，并非常了解，知道如何操作，玩得很好；所谓"玩味"，就是细心体会其中意味。"玩转"，就是玩得起，转得快，操作起来游刃有余，想怎么玩就怎么玩；"玩味"，就是细细地品，品出游戏中的深刻内涵，品出与众不同。

心有"品玩"，就能将好玩、玩好、玩转、玩味融入玩之中；心有"品玩"，就能与不同学生玩出当下、引向未来；心有"品玩"，就能让学生玩中悟透，趣中深学。

倾斜的圆柱形水杯

一日，因心情不佳，便摆弄着手中的小圆柱形茶杯，让茶杯倾斜，直至水溢不出的最小角度为止。

观察着杯中青绿色的茶水，忽然间，我感觉好像可以研究点什么。比如，研究倾斜到某种程度时，水面与桌面的距离问题。

如下图所示，如果水的表面恰好过点 D 和直径 AA_1 的另一端 A_1，求水面与

桌面的距离。

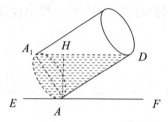

设杯底的半径为 r，杯子的高为 h。

根据面积关系，得 $A_1D \cdot AH = AA_1 \cdot AD$，即 $AH = \dfrac{AA_1 \cdot AD}{A_1D} = \dfrac{2rh}{\sqrt{4r^2+h^2}}$。

杯中水的体积 $V_{水}$ 与水面和桌面的高度 AH 有什么关系呢？

设 $\angle A_1AE = \theta$，则 $\cos\theta = \dfrac{AH}{AD}$，即 $AD = \dfrac{AH}{\cos\theta}$。

因为 $V_{水} = \dfrac{1}{2}V_{圆柱} = \dfrac{1}{2}S \cdot AD = \dfrac{1}{2}S \cdot \dfrac{AH}{\cos\theta}$，所以 $AH = \dfrac{1}{S} \cdot 2V_{水} \cdot \cos\theta$。

我往茶杯里又倒了一些水，将茶杯倾斜，结果出现了下图的情形。

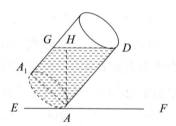

怎么办？我感觉到可以"割补"一下，于是有 $V_{水} = \dfrac{1}{2}S(AD + A_1G)$，而 $\cos\theta = \dfrac{AH}{AD}$，整理可得 $AH = \dfrac{1}{S}(2V_{水} - S \cdot A_1G)\cos\theta$。

我顺势喝了一口茶水，再次将茶杯倾斜，结果出现下图的新情形。

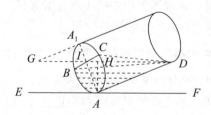

怎么办？思路暂时被堵塞。处"变"不惊，方能从容应对。

看"远"点，我发现"新情形"仍可用"割补"！此时 $V_\text{水} = \frac{1}{2}S(AD - A_1G)$，而 $\cos\theta = \frac{AH}{AD}$，整理可得 $AH = \frac{1}{S}(2V_\text{水} + S \cdot A_1G)\cos\theta$。

三种情形，三个颇有关联的结论！

没想到普通的杯子一倾斜，就"精彩纷呈"，我的坏心情瞬间就消失了。

和学生讲数学，其实也可以从讲自己真实的故事开始。我拿着一个装满水的大茶壶和一个圆柱体形的杯子，一节课就在这样的情境中开始了，就在这样的"故事"中开始了。在这个情境下，我们玩出了用数学眼光看生活——喝杯茶喝出了一个数学趣题，玩出了对一个问题的持续探索，玩出了数学知识的综合运用。更重要的是，我们在玩中悟了研究一类问题的方法，这样我们就可以继续研究杯子是圆锥体形的或是圆台体形的情形了。

3838

游戏器具：准备 10 张扑克牌，其中必须包含一张红心 3、一张红心 8，其余 8 张为任意黑色牌且不含 3 和 8。

游戏玩法：表演者随机洗牌，牌背朝上，说："我数一下看看是不是 10 张牌。"此时的牌应是牌背朝上，且红心 8 在最下面，然后是 8 张黑牌，红心 3 在最上面。

表演者说："今天是三八妇女节，我就按'3838'操作，然后将牌置于身后，看看能不能翻出 3 和 8。"

"3838"操作中的"3"：从上往下放牌，一张一张放 3 张在桌上，然后把手里剩余的 7 张牌整叠放在前面 3 张上；"8"：从上往下放牌，一张一张放 8 张在桌上，然后把手里剩余的 2 张牌整叠放在前面 8 张上；再按"3""8"各操作一次，实现"3""8""3""8"。

表演者操作完后果然很快从身后翻出了红心 3 和红心 8。你会玩吗？

游戏目的：培养学生的推演能力和操作能力，激发数学学习兴趣，感悟"应景"之玩。

游戏解答：假设原始牌序为 3，6，K，9，5，2，J，4，Q，8，按"3838"操作，每次操作后牌序如下：

"3"：9，5，2，J，4，Q，8，K，6，3；

"8"：6，3，K，8，Q，4，J，2，5，9；

"3"：8，Q，4，J，2，5，9，K，3，6；

"8"：3，6，K，9，5，2，J，4，Q，8。

按"3838"操作后，牌序与原始牌序相同，此时表演者从身后翻开第1张就是"红心3"，最后一张就是"红心8"。

游戏拓展：

（1）对游戏创新玩，比如某人的生日是6月9日，我们取10~15张牌（牌数小于等于6+9），就可以类同"3838"，玩"6969"游戏了。

（2）张压叠放洗牌法：n 张牌，牌背朝上，从上往下拿牌，将第1张放在桌上，第2张压在第1张上，第3张压在第2张上……放了 x（$x \leq n$）张，即为"x 张'张压'"；余下的牌整叠放在"张压"的那叠牌上，称为"叠放"，即 $n-x$ 张叠放。

张压叠放洗牌法有如下性质：

① n 张牌，选择数 x 和 y，满足 $x+y \geq n$，且 x、$y \geq \dfrac{n}{2}$，第一次按 x 张压叠放操作，第二次按 y 张压叠放操作，第三次按 x 张压叠放操作，此时最底下的一张牌就移到了顶部。

② n 张牌，选择数 x 和 y，满足 $x+y \geq n$，且 x、$y \geq \dfrac{n}{2}$，第一次按 x 张压叠放操作，第二次按 y 张压叠放操作，第三次按 x 张压叠放操作，此时底部的 y 张牌移到了顶部，且牌的次序发生了反转；剩余的 $n-y$ 张牌保持原来的次序，并在底部。

③连续4次 x 张压叠放洗牌法洗牌后，所有的牌都会恢复到原来的顺序。

④若 n 为奇数，x 为偶数，x 张压叠放洗牌法洗牌后，奇数位置的牌依然在奇数位置，偶数位置的牌依然在偶数位置。

根据上面的性质，我们可以设计一个游戏：

观众取 10~20 中的某个牌数，比如 15；观众报 9 和 8，然后从余牌中任取一张牌并记住，牌背朝上，放在桌上，再把 15 张牌整叠牌背朝上放在观众取的牌上，观众按 9 张压叠放洗牌法洗牌，又按 8 张压叠放洗牌法洗牌，再按 9 张压叠放洗牌法洗牌后，将牌整叠交给表演者（表演者始终背对观众），表演者很快就能翻出观众记的那张牌——其实就是顶部那张牌。

（3）请观众在一副扑克牌中在从上到下数出奇数张，比如 25 张，看最底下一张牌并记住牌面，将最下面那张牌放在桌上，并将顶牌放在其上，再把余牌整叠放在这两张牌上。然后请观众操作 x（x 为偶数）张压叠放洗牌法洗牌，洗完牌后将牌交给表演者，表演者就能找出观众记住的那张牌。

奥秘：表演者事先将牌按质数、合数、质数、合数的顺序摆放，牌背朝上，取奇数张牌，观众记住的那张牌是质数。按上述方法操作后，整叠牌的奇偶位置变为合数、质数交替，但最后两张是质数。观众多次按 x 张压叠放洗牌法洗牌后，奇偶位置不会改变，"步调"不一致的牌就是观众所记之牌。

引趣："挑姓法"会让观众感受到随机性。比如从"黄、张、魏、陈、严"中取一个字，从"刘、任、郑、林、聂"中取一个字，计算这两个字的笔画总和。因为前五个字的笔画是奇数，后五个字的笔画是偶数，其和一定是奇数。

压牌时不一定只压一张牌，也可以压奇数张。以"挑姓法"为例，从"马、冯、吴、赵"中取一个字，这几个字的笔画都是奇数。请观众将看到的底牌放在桌上，再从顶部整叠取"姓氏奇数"张牌压在其上，再把余牌整叠放上。之后的玩法同上。

一个扑克游戏，让学生感受到游戏与数学密不可分，让学生通过数学实验提出问题并尝试解决问题。真正意义上的"解决"并不容易，可能需要学生有更多、更深的数学专业知识来支撑。我们并不强迫学生去学习，但如果学生为了"深度玩耍"，就可能会"怀揣梦想"去寻找破解问题的工具和方法，这不也是一种积极的真正意义上的数学学习吗？

主要参考文献

［1］理查德·E.迈耶.走出教育游戏的迷思：科学证据告诉了我们什么［M］.裴蕾丝，译.北京：教育科学出版社，2019.

［2］曹中平.民间游戏与幼儿园教育——实践困境及其超越［M］.北京：光明日报出版社，2022.

［3］尹俊.游戏化教育：改变互联网教育的创新战略［M］.北京：人民邮电出版社，2018.

［4］严开宏.童年的价值［M］.福州：福建教育出版社，2021.

［5］莫海亮.游戏中的数学［M］.北京：电子工业出版社，2016.

［6］马德尧.有用而有趣的数学［M］.杭州：浙江教育出版社，2022.

［7］帕西·萨尔伯格，威廉·多伊尔.游戏力［M］.耿一岚，译.成都：四川文艺出版社，2021.

［8］大卫·韦尔斯.游戏遇见数学——趣味与理性的微妙关系［M］.张珍真，译.上海：上海科技教育出版社，2019.

［9］弗朗西斯·苏.数学的力量：让我们成为更好的人［M］.沈吉儿，韩潇潇，译.北京：中信出版集团，2022.

［10］刘焱.儿童游戏通论［M］.福州：福建人民出版社，2015.

［11］顾明远.中国教育路在何方：顾明远教育漫谈［M］.北京：人民教育出版社，2016.

［12］陈益.游戏：放松而专注的智慧［M］.南京：南京师范大学出版社，2017.

［13］劳伦斯·科恩.游戏力：笑声，激活孩子天性中的合作与勇气［M］.李岩，译.北京：中信出版集团，2022.

［14］朴贤伊.数学动手"做"出来：8岁前，一定要和孩子玩的107个数学游戏（共2册）［M］.千太阳，译.北京：人民邮电出版社，2014.

［15］赵一，杨艳利.优等生最爱做的1000个数学思维游戏［M］.北京：中央编译出版社，2008.

［16］安妮·伍兹，等.儿童发起的游戏和学习——为无限的可能性而规划［M］.叶小红，译.北京：中国轻工业出版社，2020.

［17］罗纳德 J. 古尔德.让你爱上数学的50个游戏——藏在魔术、纸牌、体育项目中的秘诀［M］.庄静，译.北京：机械工业出版社，2015.

［18］约翰·赫伊津哈.游戏的人——文化的游戏要素研究［M］.傅存良，译.北京：北京大学出版社，2014.

［19］黄东坡.发现诗意的数学——我的数学教育理想［M］.武汉：湖北人民出版社，2014.

［20］宋宇.生活中的数学思维［M］.北京：光明日报出版社，2011.

［21］徐品方，徐伟.数学奇趣［M］.北京：科学出版社，2012.

［22］李玉新.数之乐：玩着游戏学数学［M］.北京：科学出版社，2017.

［23］张敬培.益智器具教学指导用书［M］.北京：教育科学出版社，2017.

［24］谈祥柏.趣味数学辞典［M］.上海：上海辞书出版社，1994.

［25］托尼·瓦格纳，泰德·丁特史密斯.为孩子重塑教育：更有可能成功的路［M］.魏巍，译.杭州：浙江人民出版社，2017.

［26］欧阳绛.数学游戏［M］.北京：中央编译出版社，2004.

［27］让-保罗·德拉耶.玩不够的数学：算术与几何的妙趣［M］.路遥，译.北京：人民邮电出版社，2015.

［28］丽贝卡·拉波波特，J.A.约德.给孩子的数学实验室［M］.刘永明，译.上海：华东师范大学出版社，2019.

[29] 巢传友.数学思维与兴趣拓展读本[M].南昌：江西人民出版社，2016.

[30] 伊凡·莫斯科维奇.1000个思维游戏[M].蒋励，康俊，译.海口：南海出版公司，2005.

[31] 任勇.精彩数学就在身边[M].北京：中国人民大学出版社，2011.

[32] 劳斯·鲍尔，考克斯特.数学游戏与欣赏[M].杨应辰，等译.上海：上海教育出版社，2015.

[33] 任勇.玩出来的数学思维：任勇品玩数学108例[M].北京：开明出版社，2021.

[34] 郅庭瑾.为思维而教[M].北京：教育科学出版社，2007.

[35] 姜继为.思维教育导论[M].北京：中央编译出版社，2012.

[36] 李亚男.教师必备的思维品质[M].长春：东北师范大学出版社，2010.

[37] 徐明.思维影响教育——给教师88个批判式思考[M].上海：华东师范大学出版社，2019.

[38] 玛丽·凯·里琪.可见的学习与思维教学：让教学对学生可见，让学习对教师可见[M].林文静，译.北京：中国青年出版社，2017.

[39] 房超平.思维第一：全面提升学习力[M].北京：教育科学出版社，2018.

[40] 迈克尔·林辛.设计智慧课堂：培养学生一生受用的学习习惯与思维方式[M].安俊，付稳，译.北京：中国青年出版社，2019.

[41] 莫妮卡·R.马丁内斯，丹尼斯·麦格拉思.深度学习：批判性思维与自主性探究式学习[M].唐奇，译.北京：中国人民大学出版社，2019.

[42] 马丁·加德纳.马丁·加德纳数学游戏全集（共15册）[M].封宗信，谈祥柏，译.上海：上海科技教育出版社，2020.

[43] 于光远，马惠娣.休闲·游戏·麻将[M].北京：文化艺术出版社，2006.

［44］弗里德里希·席勒.审美教育书简［M］.张玉能,译.南京:译林出版社,2009.

［45］约翰·杜威.我们如何思维［M］.伍中有,译.北京:新华出版社,2015.

［46］任勇.动手玩的数学益智游戏——思维是可以玩出来的［M］.北京:教育科学出版社,2020.

［47］吴振奎,吴旻.名人·趣题·妙解［M］.天津:天津教育出版社,2001.

［48］张远南,张丽芳.给孩子的数学游戏书(共3册)［M］.北京:清华大学出版社,2021.

［49］张远南,栾少波.游戏:拍案称奇［M］.上海:上海教育出版社,2011.

［50］任勇.玩出数学脑的扑克游戏［M］.上海:华东师范大学出版社,2024.

图书在版编目（CIP）数据

做玩出数学思维的高手教师 / 任勇著. —上海：华东师范大学出版社，2024. — ISBN 978-7-5760-5588-7

I. G633.602

中国国家版本馆 CIP 数据核字第 20242SZ658 号

大夏书系 | 数学教学培训用书

做玩出数学思维的高手教师

著　　者	任　勇
策划编辑	朱永通
责任编辑	薛菲菲
责任校对	杨　坤
封面设计	奇文云海·设计顾问
出版发行	华东师范大学出版社
社　　址	上海市中山北路 3663 号　邮编 200062
网　　址	www.ecnupress.com.cn
电　　话	021-60821666　行政传真 021-62572105
客服电话	021-62865537
邮购电话	021-62869887
地　　址	上海市中山北路 3663 号华东师范大学校内先锋路口
网　　店	http://hdsdcbs.tmall.com/
印 刷 者	北京季蜂印刷有限公司
开　　本	700×1000　16 开
印　　张	14
字　　数	207 千字
版　　次	2024 年 12 月第一版
印　　次	2024 年 12 月第一次
印　　数	5 100
书　　号	ISBN 978-7-5760-5588-7
定　　价	65.00 元
出 版 人	王　焰

（如发现本版图书有印订质量问题，请寄回本社市场部调换或电话 021-62865537 联系）